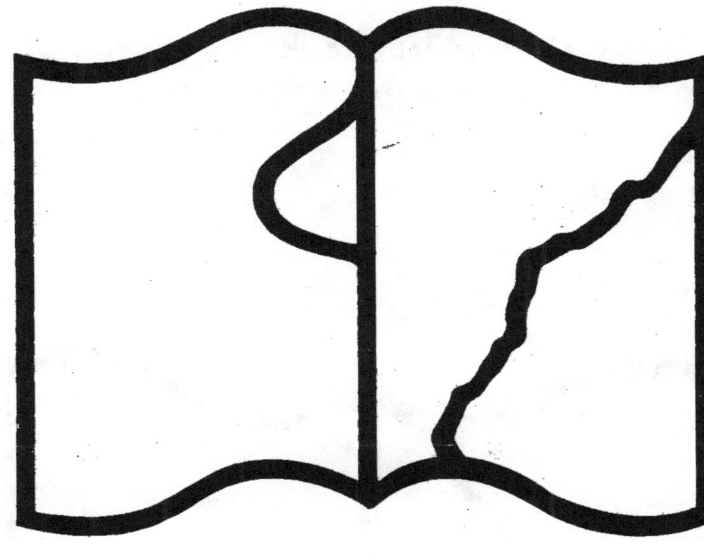

Texte détérioré — reliure défectueuse

NF Z 43-120-11

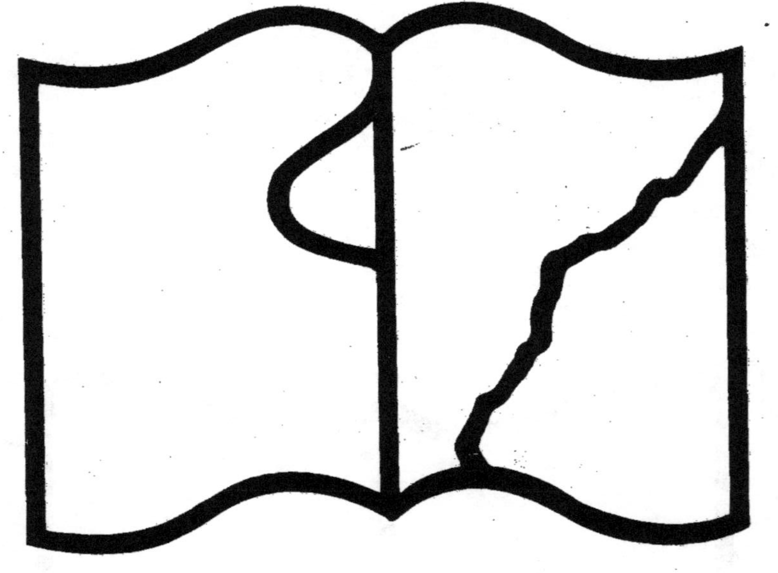

Texte détérioré — reliure défectueuse

NF Z 43-120-11

Contraste insuffisant

NF Z 43-120-14

PAUL MARMOTTAN

LE GÉNÉRAL

PIERRE-JACQUES FROMENTIN

1754-1830

D'après les papiers déposés aux archives de la guerre
et d'autres documents inédits.

Ouvrage orné d'un portrait.

PARIS	VALENCIENNES
CHARAVAY FRÈRES	**LEMAITRE**
LIBRAIRES	LIBRAIRE
4, rue de Furstenberg.	rue du Quesnoy, 14 et 16,

1890

LE GÉNÉRAL

PIERRE-JACQUES FROMENTIN

1754-1830

LE GÉNÉRAL FROMENTIN

PAUL MARMOTTAN

LE GÉNÉRAL

PIERRE-JACQUES FROMENTIN

1754 — 1830

D'après les papiers déposés aux archives de la guerre
et d'autres documents inédits.

PARIS	VALENCIENNES
CHARAVAY FRÈRES	LEMAITRE
LIBRAIRES	LIBRAIRE
4, rue de Furstenberg.	rue du Quesnoy, 14 et 16.

1890

A M. CARNOT

PRÉSIDENT DE LA RÉPUBLIQUE

Monsieur le Président,

Vous m'avez fait l'insigne honneur d'accepter la dédicace du présent ouvrage. Mon premier devoir est de vous remercier respectueusement.

Vous avez voulu, par là, donner un témoignage d'intérêt particulier à une étude consacrée aux exploits d'un soldat qui combattit notamment sous les yeux de votre illustre aïeul, à Wattignies, et dont la mémoire était restée assez obscure au milieu de celles très nombreuses, et depuis longtemps plus en vue, qui ont rendu légendaire la gloire militaire de la France.

En me permettant d'inscrire votre nom vénéré au frontispice de ce travail, je sais toute la faveur qui m'oblige, parce qu'aucun autre nom ne pouvait, avec plus d'à propos, ouvrir le sujet et évoquer, aux cœurs de nos compatriotes, l'héroïsme déployé par les légions de l'an II.

Veuillez agréer,
Monsieur le Président,
l'hommage de ma profonde reconnaissance.

Paul MARMOTTAN.

Paris, le 12 mars 1890.

PRÉFACE

En 1889, à l'exposition rétrospective organisée au Louvre par la Société de l'histoire de la Révolution, pour célébrer le centenaire de 1789, l'œil du visiteur pouvait, en scrutant bien tous les souvenirs matériels réunis sous les vitrines, découvrir trois objets de petite dimension et peu apparents, mais qui, outre leur caractère bien authentique de provenance, présentaient un réel attrait de rareté.

Cataloguées sous les numéros 1372 et 1373 du livret, les pièces dont il s'agit étaient un cachet de campagne, un collet d'habit de général en drap garance ceint d'une broderie à feuilles de chêne, un parement de manche du même habit, enfin une médaille en or à ornements finement ciselés, commémorative de la Déclaration des Droits de l'homme. Le tout portait en suscription : *Objets ayant appartenu au général Fromentin.*

Le général Fromentin ! Qui se rappelait ce nom ? Qui, hormis peut-être de trop rares érudits, eût pu fournir sur ce soldat des renseignements utiles ?

Sur mes instances, mon ami valenciennois Édouard Fromentin, petit-fils du général, m'avait confié ces quelques témoignages matériels pour les prêter aux organisateurs de l'exposition. Et ayant appris de lui, que *le général Fromentin avait commandé l'aile gauche française à Wattignies, lors du déblocus de Maubeuge, en 1793*, je m'étais empressé de transcrire cette véridique information, sur la fiche que le comité donnait à remplir à chacun des déposants. L'espoir que j'avais conçu de voir cette ligne reproduite dans le catalogue de l'exposition, vis-à-vis le nom presque ignoré d'un général républicain, n'a pas été réalisé. Le rédacteur du catalogue demeura coi et ne fit suivre le nom du général Fromentin, ni d'aucune date, ni d'aucune espèce de commentaire.

Mon indication, pour être assez sommaire, n'en était pas moins bonne à retenir. Toutefois, à vrai dire, je n'en savais personnellement pas plus long alors. Mais l'occasion de m'éclairer ne devait pas tarder à naître. En effet, après la clôture de l'exposition, revoyant mon ami Fromentin, pour lui restituer ses reliques, je m'inquiétai de suite s'il ne possédait pas des papiers sur son grand-père. Comme E. Fromentin est de la race des travailleurs, et qu'il s'intéresse à l'histoire de son pays, j'appris, sans étonnement, qu'il avait réuni d'assez nombreuses notes (1) et qu'il serait heureux de me les communiquer. Et même, il voulut bien me permettre d'en user pour la publicité. Encouragé par cette libérale déclaration, je m'entourai des documents en question et de tous autres provenant du ministère de la guerre, puis j'y ajoutai l'étude des livres relatifs aux

(1) Notes conservées par le général lui-même, puis par son fils aîné décédé à Avesnes en 1848. Il y a quarante ans environ, le secrétaire de la sous-préfecture d'Avesnes, M. Michaux, avait, d'après ces notes, rédigé une notice sommaire sur le général Fromentin qui parut, dit-on, dans l'*Observateur d'Avesnes*. Nos recherches pour en retrouver la trace n'ont pas abouti.

guerres de l'an II et de l'an III. Peu à peu, j'embrassai le rôle relativement considérable joué alors par le général Fromentin, aux côtés de Jourdan et de Carnot. Son petit-fils me montra même son portrait dû à Mlle Boyenval, sœur du peintre de ce nom (1), et longtemps j'arrêtai mes regards sur cette énergique et rude figure de soldat, où la franchise se lisait à pleine page. Ce portrait, dont nous donnons un fac-similé, en tête du présent ouvrage, remonte aux premières années de ce siècle. Représenté en buste, le général porte son uniforme, sans autre ornement que les épaulettes aux trois étoiles d'or (2).

Par le dépouillement des notes de M. E. Fromentin, comme par les détails dus aux pièces authentiques iné-dites et à certains écrivains spéciaux, il me fut facile de relever les exploits du général Fromentin et de recueillir autour de ceux-ci une série de faits d'armes secondaires mais très utiles à l'édification des esprits, parce qu'ils constituent le complément naturel des récits à grands traits des guerres de 1792 et 1793, à l'armée du Nord.

La plus élémentaire équité recommande à nos respects la mémoire jusque-là méconnue des héros demeurés obscurs. De jour en jour, à notre époque, la lumière se fait à cet égard plus complète. D'heureux chercheurs, fouillant les archives, présentent les événements sous leur face vraie et recueillent des noms trop négligés, mais qui méritent d'être connus. On a raison de ne plus s'attacher seulement aux seuls grands hommes qui, en général, acca-parent toute l'attention. Notre curiosité veut plus aujour-d'hui, et les humbles, ceux qui, par goût ou par tempéra-ment, sont de leur vivant restés trop effacés et, bien à tort,

____

(1) Alexis-François Boyenval, né à Paris en 1784.
(2) Une bonne copie de ce portrait a été faite par Jules Léonard, peintre valenciennois.

alors qu'ils ont rendu maints services à leur pays, l'histoire désire les tirer de l'oubli où ils reposent et les mettre à leur rang. Voilà le sentiment auquel nous avons obéi en publiant la présente notice biographique sur le général républicain Pierre-Jacques Fromentin. Nous l'avons rédigée avec la plus grande simplicité. Les illustrations, même de second plan comme Fromentin, n'ont pas besoin de pompeux dithyrambes. L'exposé concis des actes s'enchaînant les uns aux autres quand ces actes sont particulièrement éloquents par eux-mêmes, mieux que tout commentaire bienveillant, suffit au jugement public. Le lecteur en conçoit alors une idée claire et leur mémoire, désormais protégée de notre indifférence, n'en demeure que mieux classée.

En outre, l'exemple à retirer des vertus de ces guerriers, nos ancêtres directs, puisqu'ils appartiennent à la Révolution, est d'un haut enseignement. Une fois de plus, on verra ici même ce que peut le courage uni à la persévérance la plus opiniâtre. Parti de rien, Fromentin s'est élevé par ses seuls mérites au grade de divisionnaire, le premier alors dans la hiérarchie militaire. Intrépide soldat, plus apte à mener ses braves à l'action et à concourir à une victoire en se jetant dans la mêlée, qu'habile à décider une manœuvre ou à assumer la responsabilité d'un commandement en chef, mais par-dessus tout esclave du devoir sans souci de sa vie, témoin ses nombreuses blessures, tel nous apparaît Fromentin, depuis ses premiers élans d'engagé volontaire, jusqu'aux assauts de Wattignies, où son illustre chef Carnot, par ses plans merveilleux si nouveaux pour l'époque et par son entraînante intervention personnelle, arrêta subitement l'invasion ennemie.

Malgré ses campagnes antérieures, le général Fromentin appartient surtout à l'inoubliable armée de Sambre-et-Meuse qui fut le plus ferme rempart de la République aux prises avec l'Europe. Dans cette phalange, qu'animait le souffle implacable de la Convention, revivant d'ailleurs au camp même par ses représentants en mission, Saint-Just, Carnot, Levasseur, Guyton de Morveau et Duquesnoy, Fromentin coudoyait comme collègues, pour ne nommer que ceux dont l'illustration commençait, des héros sans peur comme Ney, Bernadotte, Duquesnoy, frère du représentant, Jourdan, Duhesme, Marceau, d'Hautpoul, Kléber, Lefebvre et Championnet. De tels chefs conduisaient à la victoire des troupes jeunes, mal vêtues, mais ardentes à la défense de la liberté. Ces cohortes étaient prêtes à donner leur sang pour ne pas laisser périr les immortels principes.

> Pieds nus, sans pain, sourds aux lâches alarmes,
> Tous à la gloire marchaient du même pas.

Fromentin commandait une des six divisions de l'armée appelée à rejeter sur la Sambre les 60,000 Autrichiens de Cobourg bloquant Maubeuge, et paralysant du même coup 20,000 Français enfermés dans la place. Nos forces d'opération étaient réduites en tout à 35,000 hommes. La responsabilité était grande alors pour les généraux de brigade comme pour les divisionnaires. Une simple faute, se traduisant parfois par un mouvement trop promptement exécuté ou mal compris, pouvait entraîner la destitution, sinon la condamnation à mort. Les exemples célèbres abondent. Cette même année 1793, les généraux Ferrand, Kellermann, Servan, Landremont, Schanbourg et Hédouville étaient tour à tour révoqués. « Vaincre ou mourir », telle était, on le sait, l'inéluctable alternative. Le Comité de Salut public ne badinait pas sur ce chapitre. Après Wattignies, Fromentin fut un instant suspendu de ses fonctions, à l'issue d'une affaire où, grièvement blessé et laissé pour mort sur le champ de bataille, il resta quelques jours éloigné

de sa division. Une lettre de son père au Comité de Salut
public (voyez pièces justificatives) l'établit. Mais ce cas ne
lui fut pas particulier.

A cette époque, Jourdan, accusé de n'avoir pas profité
de la victoire, fut également compromis et appelé à la barre
de la Convention. Soupçonné sur une dénonciation arbi-
traire de n'avoir pas apporté assez de diligence à la poursuite de l'ennemi, sa conduite fut soumise à une enquête.
La lettre que nous publions de lui, au général Fromentin,
en date de Maubeuge, 27 octobre 1793, prouve bien pourtant qu'il avait pris les dispositions voulues, mais il n'avait
compté ni sur les pluies ni sur les terrains détrempés. Ces
embarras retardèrent sa poursuite et la déroute de l'ennemi
fut évidemment moins complète.

Malgré les protestations de Carnot, le brave Jourdan et
son chef d'état-major Ernouf, ami intime du général Fromentin, furent cassés de leur grade le 17 nivôse an **II**,
mais ils furent réintégrés bientôt. Le fait est heureux, car
Jourdan, mis de nouveau à la tête de l'armée, s'ouvrit bientôt
la route des Pays-Bas par la journée de Fleurus. Fromentin
subit le même sort le 3 juin 1794, mais fut remis en service
le mois suivant. D'autres moins favorisés, ou vraiment cou-
pables, payèrent leurs actes de leur tête. Et pourtant ils
avaient précédemment donné des preuves de courage! Est-
il besoin de rappeler les noms de Biron, de Chancel et de
Beauharnais ? Quant à Duquesnoy, dont la division était
connue dans l'armée sous le nom de *colonne infernale*, il
fut destitué après Thermidor.

Il était pourtant avec Fromentin un des plus intrépides
lieutenants de Jourdan. Mais cette rigidité inflexible déployée par la Convention eut un effet aussi terrible que
décisif. La victoire couronna nos efforts et les quatorze
armées, sorties du sol à la voix de Carnot, allèrent partout

porter la frayeur dans les rangs ennemis et chassèrent l'étranger du territoire. Leurs succès constants assurèrent le triomphe de la Révolution.

Cependant il n'est pas d'existence humaine qui ne soit sujette à dépérissement, à plus forte raison lorsqu'elle est, comme celle du soldat, exposée aux luttes continuelles et à leurs conséquences. Ce n'est pas impunément que l'on court au-devant des balles et des boulets. Fromentin avait eu l'heureuse fortune de braver la mort plus d'une fois pour sa patrie, et son corps était mutilé par les blessures. De là, un état physique assez déplorable qui le fit choisir par le ministre de la guerre pour un rôle plus sédentaire. En juin 1794, en effet, le gouvernement lui confiait un commandement de plusieurs places fortes qu'il conserva jusqu'en 1801, année où ayant obtenu sa retraite, il s'établit à la campagne ne demandant plus désormais au monde que l'oubli et le repos.

En rentrant dans les rangs civils, Fromentin vécut de sa pension réglementaire de 6,000 francs. L'esprit de l'époque s'accommodait alors souvent des principes austères ; la soif des honneurs ou de l'or n'aveuglait pas les hommes arrivés aux hauts emplois. L'armée surtout, et ce n'est pas son moindre honneur, renfermait, sous la République, nombre de généraux qui, comme Fromentin, furent des modèles de désintéressement. Dagobert et Hoche moururent si pauvres qu'ils ne laissèrent pas de quoi se faire enterrer ; Lefebvre et Dugommier, malgré leurs grades, n'avaient pas de ressources suffisantes pour payer l'instruction militaire de leurs fils ; Duquesnoy, couvert de blessures et sans fortune, mourait aux Invalides en 1796 ; Carnot enfin, après avoir occupé les plus grandes charges de la République, se retirait dans ses foyers avec sa seule pension de commandant du génie.

Fromentin était de la même trempe que ces Spartiates. S'il se distinguait comme eux par l'héroïsme, il n'en possédait pas moins la modestie. Bien que le Consulat réservât ses faveurs aux hommes de la Révolution et les poussât de préférence à tous les autres, — Fromentin sembla l'ignorer et, malgré ses états de services, il ne rechercha ni les distinctions ni les places. Certes leur obtention eût été facile pour lui ; il n'eût eu qu'à les vouloir, mais il ne s'en soucia pas et négligea d'accepter, comme Servan, par exemple, voire même comme Carnot, le titre d'inspecteur aux revues, qui lui eût conservé les prérogatives de son grade. Son chef, Jourdan, plus jeune de huit ans, comme lui engagé volontaire dans les armées de Louis XVI, semblait pourtant lui prêcher d'exemple et poursuivait sa voie avec succès. Fromentin jugea que sa carrière militaire, longue de vingt-trois années, était suffisante à son orgueil et que son bras fatigué ne pouvait peut-être plus frapper les mêmes coups. En outre, privé d'ambition et philosophe à la manière d'Horace, il songea à vivre d'une existence plus calme après avoir partagé si souvent les fureurs du combat. Comme le soldat de Philippes également, mais certes avec plus de titres que le sceptique poète, si peu fait, lui, pour le métier des armes, il se choisit une retraite et il fixa son Tibur sous les ombrages du village de Marbaix près Avesnes, dans une région moins froide d'aspect que l'est en général le département du Nord et qui semble unir le caractère de la Normandie à celui de la Suisse.

Comme l'ami de Mécène, notre glorieux retraité eût pu dire alors, avec le même accent de vérité :

Tibur.....
Sit meæ sedes utinam senectæ,
Sit modus lasso maris et viarum
Militiæque !

Fromentin embrassa donc sa nouvelle destinée avec résolution et ne s'en détourna que pour diriger, en 1806, une légion de gardes nationales du Nord, formée par ses concitoyens. Cette charge encore importante ne put cependant le distraire de ses nouvelles amours. Sorte de Cincinnatus militaire, il consacra désormais ses jours à l'agriculture et aux vertus domestiques au sein de sa famille et entouré de l'estime publique.

LE GÉNÉRAL FROMENTIN

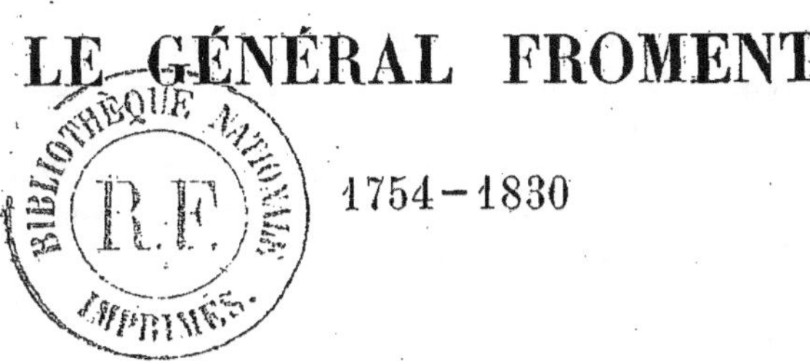

1754—1830

Pierre Fromentin, négociant en toiles à Alençon (Orne), eut de son mariage avec Anne-Charlotte Leconte, fille d'un maître de poste, quatorze enfants.

Le cinquième de la génération, Pierre-Jacques Fromentin, naquit en cette ville le 2 juillet 1754.

Enfant, il fit des études médiocres.

Jeune homme, tout en travaillant près de ses parents, il resta irrésolu jusqu'à l'âge de vingt-trois ans, époque où il se décida à suivre la carrière militaire.

En avril 1778, il entra, comme simple soldat, dans le régiment de l'Ile-de-France, commandé par le colonel de Cassignies, et fit partie, sous les ordres de cet officier supérieur, du détachement envoyé par le gouvernement aux grandes Indes.

La mission des troupes françaises était d'agir, de concert avec l'armée du Nabab Tippoo-Saïb, fils de Hyder-Ali, souverain de Maissour, contre les Anglais, qui venaient d'attaquer les possessions françaises et de s'emparer de Pondichéry.

Après quatre années de campagne dans l'Hindoustan, Fromentin s'embarqua le 6 décembre 1781 sur l'escadre du Bailly de Suffren, chargée de défendre les côtes de l'Inde, de réprimer les brigandages sur les côtes de Coromandel et du Bengale et de reprendre Pondichéry, Karikal, Mahé, Mazulipatam et Chandernagor.

La situation était pénible : il ne restait plus, en ce moment, aux Français un seul asile, un seul poste, pour établir un hôpital avec sécurité.

Du 13 au 17 février 1782, Fromentin assista, avec la flotte placée sous les ordres de l'amiral de Suffren, aux cinq combats qui furent livrés, devant Madras, contre l'escadre anglaise commandée par le vice-amiral Hugues, dans lesquels l'escadre française demeura maîtresse de la mer.

Le 26 mars 1782, Fromentin se trouva à la prise de Porto-Novo effectuée par les troupes de Tippoo-Saïb et par les auxiliaires français.

Le 12 avril, il prit part à la bataille engagée, entre les deux escadres, à la hauteur de Provedicii, ile de Ceylan, où le vice-amiral anglais Hugues se tira difficilement d'affaire.

Du 13 avril au 17 juin, il fut aux sièges de Gondelour, de Marmacoul et aux combats de Negapatnam et Trinquelar, qui eurent lieu le 6 juillet et suspendirent momentanément les hostilités.

Le 10 août, il fit le coup de feu à la bataille de Langivarou.

Dans les journées et nuits des 25, 26 et 31 août 1782, il défendit vaillamment, avec ses compagnons d'armes Colaud et Maisonneuve, à la tête d'un détachement, l'honneur du pavillon français en assistant au débarquement effectué près de Trinquemale, ainsi qu'au duel opiniâtre qui s'ensuivit entre les escadres.

Ces luttes amenèrent la capitulation et la prise du fort d'Osteinbourg.

Le 3 septembre 1782, sur le vaisseau-amiral *le Héros*, il combattit à la mémorable journée où ce navire soutint seul un assaut de huit heures contre douze vaisseaux anglais.

Ce ne fut qu'après la reddition de Chandernagor et de Nagard que Fromentin put aller prendre quelque repos à Achem, dans l'île de Sumatra, où Suffren se retira pour passer un moment de mauvaise saison.

L'escadre étant partie de là le 2 décembre 1782 pour se rapprocher des côtes de l'Hindoustan, une nouvelle campagne commença; Fromentin y prit une part active et se signala surtout le 20 avril 1783 au siège et à la prise de Tallichery, et le 23 juin à la bataille donnée en vue de Gondelour; mais quelques jours après, une frégate parlementaire étant venue annoncer la cessation des hostilités, par suite de l'armistice conclu à Paris le 20 janvier 1783, l'escadre laissa bientôt ces parages et abandonna à ses propres forces le brave et fidèle Tippoo-Saïb qui périt glorieusement en défendant son trône, le 4 mai 1799.

A la fin de 1787, le 26 septembre, Fromentin obtint un congé bien gagné. Il rentra au pays natal. Il vint s'y remettre de ses fatigues et fut témoin, en 1789, des premiers tressaillements du peuple pour la liberté. Son âme sympathisa de suite avec les idées nouvelles et son esprit conçut alors les premiers germes de l'amour qu'il voua à la Révolution. Les événements allaient bientôt du reste lui fournir l'occasion de prouver son civisme. Quand la guerre fut déclarée, le 20 avril 1792, Fromentin était encore à Alençon. Dès qu'il eut connaissance dés dangers de la patrie, il reprit du service. Son zèle, son ardeur, ses antécédents le firent nommer, par la jeunesse du département de l'Orne, le 20 septembre 1791, lieutenant-colonel du premier bataillon de l'Orne. Sa préoccupation immédiate fut de rétablir l'ordre et la discipline parmi les troupes.

Envoyé dans le nord de la France, il se montra bon et généreux pour les militaires obéissants, mais intraitable pour les insubordonnés.

Il acquit rapidement l'estime et la confiance de ses chefs qui le regardaient comme un homme précieux et utile.

Les armées du Nord, des Ardennes et de Sambre-et-Meuse l'ont constamment vu à leurs avant-postes; aussi son nom se trouve-t-il lié aux combats nombreux livrés à la fin du siècle dernier par l'armée française.

En septembre 1792, dans les environs de Bitche, attaqué par les Prussiens, il les repoussa pendant quelques lieues et captura beaucoup de prisonniers ; dans les Ardennes, il eut plusieurs engagements avec les troupes commandées par les généraux étrangers Beaulieu et Clairfayt.

Le 3 novembre 1792, sous Dumouriez, il enleva à la baïonnette le village de Boussu et les batteries qui le défendaient.

Le 5 novembre, dès l'aube, à l'attaque des hauteurs de Jemmapes, toujours sous la conduite de Dumouriez, il foudroya la gauche de l'ennemi en faisant manœuvrer ses soldats et en emportant les retranchements à la baïonnette, tandis que les hussards de Berchiny, de Chamborand et Normandie pénétraient dans les redoutes, par la gorge.

Après cette affaire, l'armée française, qui s'était conduite vaillamment, marcha de victoire en victoire : la conquête de la Belgique fut assurée.

Dumouriez s'empara, en quelques semaines, de toutes les places fortes ; en vain, devant Bruxelles, les Autrichiens tentèrent de lui disputer les hauteurs d'Anderlech ; ils furent défaits. Bruxelles ouvrit ses portes.

Fromentin, par son intrépidité, son courage, son audace et son énergie, contribua fortement à l'heureux résultat du siège de la citadelle d'Anvers ; aussi le général en chef lui donna-t-il publiquement des preuves éclatantes de sa confiance en le chargeant, le 17 février 1793, du commandement de cette citadelle.

Le 5 mars 1793 commença la marche rétrograde de l'armée française.

Le 15 mars, néanmoins, cette dernière arrêta et chassa les Autrichiens de Tirlemont ; mais, le 18, elle fut battue à Neerwinde. Dumouriez abandonna le poste honorable qui lui avait été commis, prit la fuite et se retira chez les Autrichiens.

A cette époque, le quartier général du prince de Cobourg, dirigeant dans le Nord l'armée autrichienne combinée, était établi à Mons.

Le 26 mars 1793, le général de division Ferrand reçut l'ordre d'évacuer, sans combattre, sa position devant Mons et de se retirer sur Valenciennes.

Le 2 avril 1793, un camp se forma à Famars et à la Briquette, aux ordres du général Lamarche.

Le 5 avril, le brave Dampierre fut nommé général en chef de l'armée du Nord ; cette armée était affaiblie et découragée, elle luttait avec peine contre un ennemi qui recevait chaque jour de nombreux renforts.

Les troupes françaises étaient réparties à Cassel, à la Madeleine-les-Lille, à Maubeuge, entre Philippeville et Givet, et à Famars. Comme le camp de cette dernière commune était le poste le plus important, Dampierre y établit son quartier général.

L'armée ennemie, composée de troupes autrichiennes, anglaises, prussiennes, hollandaises et hanovriennes, forte de plus de 150,000 hommes, menaçait toutes les places fortes du Nord.

Le 8 mai 1793, le général Dampierre eut la cuisse emportée par un boulet, près de Raismes, et mourut le lendemain des suites de sa blessure (1). Le général Lamarche le remplaça provisoirement.

Les Français, attaqués sur tous les postes des frontières belges, depuis Orchies jusqu'à Bavai, se repliaient de toutes parts.

Le 23 mai 1793, les anciens militaires de la campagne de l'Inde, Colaud, Fromentin et Montaigu étaient réunis au camp de Bruille et Maulde ; il furent détachés sur Valenciennes pour défendre le poste de l'abbaye d'Hasnon où ils restèrent plusieurs jours entre les deux camps ennemis, celui des Loups et celui de Rœulx ; là ils barrèrent la route à l'ennemi par une résistance opiniâtre et le tinrent en échec pendant un moment.

Cet arrêt permit aux Français de se retirer sur Bouchain par le pont de Denain.

(1) Le 10 mai, le corps du général fut enseveli sur une redoute des remparts de Valenciennes. Un monument, composé d'une colonne funé-

Le général Lamarche, après avoir également tenu en respect les ennemis, rentra à Valenciennes en déclarant aux représentants qu'il ne pouvait répondre plus longtemps des camps de Famars et des postes d'Anzin et d'Hasnon.

L'acharnement que mettait l'ennemi à s'emparer des postes était continuel et sans exemple; on se battait tous les jours à outrance et la nuit seule suspendait l'action.

L'armée française se composait à peine de 30,000 hommes, y compris 5,500 hommes de cavalerie et les garnisons de Valenciennes, Douai, le Quesnoy et Cambrai; la position était des plus critiques.

Dix-sept bataillons furent laissés dans Valenciennes, sous les ordres du général de division, Jean-Henri Becays Ferrand.

Le 24 mai 1793, la ville et la citadelle de Valenciennes furent bloquées, l'inondation supérieure fut établie et protégée.

Le 26, l'ennemi attaqua le faubourg de Marly.

Pendant le siège de Valenciennes, tandis que les redoutes du camp de Famars avaient été enlevées et que la cavalerie française avait été repoussée par celle des coalisés, Fromentin et Colaud tentèrent une diversion; à la tête de l'arrière-garde à Arleux, ils arrêtèrent l'ennemi et permirent à notre armée de se replier et d'aller occuper le camp de Gaverelles.

Le 28 juillet 1793, dans la matinée, la capitulation de Valenciennes fut signée.

Le 1ᵉʳ août, la garnison sortit de la ville, avec les honneurs de la guerre.

L'ennemi avait lancé sur cette place 180,000 boulets, 45,000 bombes et autant d'obus; les Français avaient perdu 4,000 hommes, les alliés au moins 25,000 combattants. A la suite de son rôle valeureux à l'armée du Nord, Fromentin était élevé au grade de général de brigade, par décret, en date du 27 août 1793. Il justifia bientôt ce nouveau titre.

Du 1ᵉʳ au 7 septembre 1793, la belle défense de Fromentin

raire, qu'on voit encore, marque l'emplacement de son tombeau. Le 11 mai, la Convention décréta pour lui les honneurs du Panthéon.

aux avant-postes d'Hoosbruck et d'Oost-Cappel, alors que le duc d'Yorck bloquait Dunkerque, consolida sa réputation militaire ; il reçut plusieurs blessures dans ces différentes affaires à la suite desquelles il fut nommé commandant en chef de la ville de Bergues.

Le 7 septembre 1793, à la mémorable journée de Hondschoote, les premiers bataillons du Nord et l'Oise, auxquels appartenaient Jourdan, Fromentin et Pierre Herwyn, se couvrirent de gloire à Esquelbecq par l'enlèvement d'un poste que les Anglais et les Hanovriens gardaient et avaient fortement retranché.

Dans ce combat, où Houchard surtout s'immortalisa, Jourdan fit preuve d'un vrai talent comme général, et de bravoure comme soldat, aussi le 9 septembre 1793, il fut désigné pour prendre le commandement en chef de l'armée du Nord, devenu vacant par la destitution qui atteignit Houchard, malgré sa récente victoire d'Hondschoote.

Vers le 15 septembre 1793, sous les ordres de Jourdan, Fromentin tint à distance les troupes coalisées qui avaient ouvert la campagne en effectuant le blocus de Landrecies et en forçant un cantonnement sur la Sambre. Il fit évacuer la Capelle, s'avança dans la forêt de Nouvion, enveloppa plusieurs partis entre Prisches et Beaurepaire, s'empara, avec une intrépidité extraordinaire, de quelques redoutes, de plusieurs canons et poursuivit l'ennemi.

Ayant reçu l'ordre de tenir sur les bords de la Sambre, il opposa une résistance de tous les instants aux envahisseurs.

Ayant à lutter, avec des soldats inexpérimentés pour la plupart contre des forces compactes, le général Fromentin fit à ses adversaires le genre de guerre qu'il avait pratiqué avec succès quelquefois dans les Indes et qui consiste à suivre un système d'attaques et de trèves alternées, propre à la fois à aguerrir les soldats et à les reposer de leurs fatigues.

Très habile à manier les troupes, il leur donna des gages de haute capacité et de patriotisme ; on demeura frappé surtout dans ses opérations stratégiques de l'initiative qu'il prit d'atquer, dans des circonstances où des chefs moins hardis se fussent contentés d'une position de défense ou même d'une retraite.

Souvent le long de la forêt de Mormal, il inquiéta l'ennemi et engagea des affaires de détails qui rendirent aux soldats le caractère nécessaire pour les grandes opérations; aussi est-ce avec ces braves gens stimulés par l'expérience et quelques vétérans distribués habilement dans les rangs, que les progrès de l'ennemi de ce côté furent ralentis, gênés et définitivement rompus.

Le 22 septembre 1793, Fromentin fut élevé au grade de général de division; son brevet lui fut expédié immédiatement.

Dans son poste d'observation sur la Sambre, il tenta à plusieurs reprises d'arrêter la marche de l'ennemi sans réussir à le faire reculer; les troupes coalisées résistaient.

Une fois ayant poussé son avant-garde trop en avant, il faillit être pris en flagrant délit; un corps nombreux d'Autrichiens et d'émigrés parut devant Coursolre, pour cerner le village où il bivouaquait avec un escadron de cavalerie et un bataillon d'infanterie; mais quoique cette opération s'effectuât la nuit, il s'en aperçut à temps; sa colonne destinée à couper les communications fit volte face et non seulement il se tira d'affaire, mais encore il enleva quelques bonnes positions à ses adversaires.

Le 29 septembre 1793, l'armée autrichienne, destinée à opérer sous Maubeuge, traversa Colleret et y commit plusieurs désordres que Fromentin, blessé, ne put réprimer. L'ennemi força le passage de la Sambre à Berlaimont, Pont et Hautmont, avec le dessein bien arrêté d'investir Maubeuge et le camp retranché de cette ville.

Le général Ferrand, qui commandait la place de Maubeuge, ayant commis la faute de disséminer ses forces le long de la Sambre, Maubeuge fut complètement cernée.

Ce fut un malheur d'autant plus grand qu'on avait apporté du retard dans les approvisionnements; aussi quinze jours après l'investissement de la place, la garnison composée de 20,000 hommes, enlevés de ce chef à l'armée française, avait déjà épuisé ses vivres et en était réduite à manger de la viande de cheval.

Fromentin, guéri de ses blessures, se remit en campagne et inquiéta l'ennemi entre Landrecies et Ors.

Le gouvernement, en apprenant le passage de la Sambre par les Autrichiens et l'investissement du camp de Maubeuge, s'était empressé d'ordonner des mesures pour parer aux événements futurs. Le péril était grand. Maubeuge pris, rien ne devait plus arrêter la marche de l'ennemi vers Paris. En outre, le blocus de cette place paralysait 20,000 défenseurs de la patrie qui s'y trouvaient enfermés, et notre armée active d'opération ne pouvait pas réunir, malgré tous les efforts, plus de 35,000 hommes.

Notre infériorité numérique donnait des chances nouvelles à l'ennemi. C'est alors que Carnot et son collègue Duquesnoy furent envoyés à nouveau sur la frontière du Nord qu'ils avaient quittée après le triomphe d'Hondschoote.

Ces représentants se joignirent à Jourdan. S'étant mis d'accord avec eux dans les premiers jours d'octobre, Jourdan rassembla toutes les troupes qu'il avait sous la main, formées en grande partie de la levée du 23 mars 1793 et leur donna rendez-vous à Guise où était le général Fromentin.

Fromentin avait reçu ordre de prendre avec lui les 6e et 2e de cavalerie flanqués d'un escadron du 19e chasseurs.

Le 3 octobre, Jourdan, après avoir exposé son plan, envoie Fromentin en avant-garde; le 4 dudit mois, la colonne de Fromentin est à Péronne; le 5, elle repart dans la direction de Guise. Le général se plaint de la confusion dans la distribution des vivres et fourrages. Son corps se compose de 11,000 hommes.

Le 11 octobre 1793, les troupes françaises se portèrent sur Avesnes et campèrent à une distance de trois à quatre lieues dans la vallée de la grande Helpe; elles comptaient six divisions, commandées par les généraux Balland, Beauregard,

Cordelier, Duquesnoy, Fromentin et Lemaire, patriotes éprouvés, pleins d'enthousiasme.

La division du général Fromentin, placée à l'avant-garde, fut d'abord inquiétée sur le flanc gauche par quelques détachements autrichiens qui l'avaient devancée; mais avec l'aide du général Cordelier, elle parvint à se frayer une route et à arriver à Dampierre, où elle bivouaqua à proximité du bois de Sassagne. Fromentin devait s'emparer de la Haie, s'y retrancher fortement et n'évacuer les postes de la forêt de Nouvion que lorsqu'ils seraient relevés par la division Duquesnoy. Le 13, l'avant-garde atteignit l'extrémité de la Haie d'Avesnes.

Cette prise de possession força le général autrichien Bellegarde à se déployer dans le vallon de Monceau.

A l'approche du général Jourdan, le prince de Cobourg, généralissime des armées coalisées dans le Nord, renforça l'armée de 35,000 hommes qu'il envoya en observation, et à qui il fit occuper, outre Wattignies, les villages de Leval, Monceau, Saint-Rémy, Saint-Aubin, Dourlers et Floursies, situés sur la petite rivière de Tarcy, affluent de la Sambre et les coteaux boisés parsemés de vergers et ravins qui s'élèvent le long de cette rivière.

Là, coupant les routes et barricadant toutes les issues par des abattis d'arbres et autres objets, les Autrichiens s'étaient retranchés, à la faveur de chemins couverts, derrière les habitations et les pâturages enclos de haies vives, après avoir hissé sur les hauteurs et à l'entrée des principales avenues, de nombreuses pièces d'artillerie; ainsi abrités, ils attendaient l'armée française avec la plus grande confiance.

Jourdan, qui avait établi son quartier général à Avesnes où se trouvaient les représentants Carnot, Bar, Duquesnoy, donnait des ordres et prenait des dispositions pour opérer une attaque générale et décisive.

Dans la nuit, pour se rendre compte des opérations projetées, il gagna, avec Carnot, la route de Maubeuge, à deux kilomètres environ des avant-postes autrichiens et parcourut les prairies qui avoisinaient la Haie d'Avesnes.

Imitant les dispositions de l'ennemi, il fit percer de nombreuses trouées au milieu des haies vives, afin de faciliter le passage des troupes et permettre aux tirailleurs d'engager, sur toute la ligne, un feu nourri avec reconnaissance aussi loin que possible.

Le 14 octobre, les troupes françaises se préparèrent à l'action; quelques canonnades eurent lieu, elles mirent l'alerte dans le camp de Maubeuge.

La division Fromentin, forte alors de 13,000 hommes, séjourna à la Haie d'Avesnes.

Le quartier général fut porté à l'embranchement, dit des Trois-Pavés, à deux kilomètres au delà de Dourlers.

Le 15 octobre 1793, vers sept heures du matin, Carnot et le général en chef Jourdan tinrent conseil; il fut résolu que l'objectif principal de l'attaque serait Dourlers. Le général Balland, qui commandait le centre de l'armée, fut chargé de cette opération.

Les généraux Duquesnoy et Fromentin reçurent l'ordre, le premier, avec l'aile droite, de débusquer les Autrichiens de Dimont et Demichaux pour arriver à Wattignies ; le second, avec l'aile gauche, de faire occuper les villages de Leval et de Saint-Aubin, pour s'emparer des hauteurs de Monceau et de Saint-Rémy.

Le général Beauregard eut pour mission de veiller aux mouvements de l'aile droite et de renforcer, au besoin, les troupes de Duquesnoy.

Ces mouvements s'effectuèrent avec ponctualité, tant chaque corps sentait l'importance de l'enjeu ; rien n'était plus émouvant que de voir ces bataillons formés pour la plupart de nouvelles levées de jeunes gens, à peine armés et vêtus, ayant en guise de vareuse une blouse grossière. Pour ces vaillants, la liberté valait bien ces sacrifices.

Mais bientôt Duquesnoy, chassant les Autrichiens, porta ses tirailleurs vers Wattignies qu'il se mit à canonner sans relâche.

A neuf heures du matin, la division Fromentin surgit à son

tour vers Saint-Rémy et Monceau ; elle s'avança sur la fourche du Campin, poussant l'ennemi devant elle et nourrissant un feu terrible qui couvrit la plaine de morts. Saint-Aubin fut le théâtre de plusieurs combats sanglants entre les troupes françaises et autrichiennes ; les deux partis n'étaient séparés que par une rue, dont les maisons furent alternativement prises et reprises nombre de fois ; ils se battaient de part et d'autre avec acharnement. Ce ne fut qu'à la quatrième ou cinquième charge que Fromentin, montrant l'exemple, escalada un des premiers les retranchements autrichiens, fit pénétrer dans toutes les rues du village ses soldats, la baïonnette au canon, et se rendit maître de la situation. L'ennemi fut délogé ; par un heureux hasard, aucun incendie ne résulta de cette vive collision.

A la nouvelle des succès de ses frères d'armes Duquesnoy et Fromentin, il fut enjoint à Balland d'enfoncer, avec 16,000 hommes, la position centrale de Dourlers où se tenait le général Clairfayt, appuyé de batteries formidables. Nos troupes marchaient en colonnes serrées, par bataillons, à travers champs, ayant derrière elles Jourdan et Carnot. Trois fois elles gravirent les hauteurs, trois fois elles furent repoussées ; l'ennemi, revenu peu à peu de sa première terreur et luttant avec rage, secondé par ses réserves et sa cavalerie, força les lignes de Balland à se retirer avec une perte de mille hommes environ.

Et pourtant depuis les beaux jours de Jemmapes et de Hondschoote, jamais l'armée française n'avait déployé plus de bravoure que dans ces attaques successives : jamais pareil mépris de la mort n'avait animé le soldat défendant sa patrie.

Aussi Carnot, nonobstant un premier échec, et malgré, dit-on, l'opposition de Jourdan, frappé de l'audace avec laquelle l'armée avait emporté une première fois les retranchements et positions de l'ennemi, voulait recommencer la lutte, lorsque les éclaireurs et les dépêches vinrent annoncer la retraite de l'aile gauche. Voici, en effet, ce qui était arrivé.

Le général Fromentin, après s'être emparé des hauteurs de

Saint-Rémy et de Monceau, au lieu de s'y concentrer et de marcher de là sur Limont et Ecuelin, en longeant la lisière bordée de pâturages et de vergers du grand bois Leroy, dépendance de la forêt de Mormal, s'était laissé emporter par l'ardeur du combat et l'ivresse du succès; il avait commis la faute de se déployer à l'entrée de la plaine de Berlaimont, où il ne tarda pas à être assailli par le flot de l'immense cavalerie autrichienne, contre laquelle ses bataillons, de nouvelle levée, essayèrent en vain de se former en carrés solides. Quatre pièces de canon furent perdues.

A ce moment, le capitaine Boyé, commandant le 1er escadron du 4e régiment de hussards, désigné par le général Fromentin pour prendre une redoute ennemie, située en un enclos, fit preuve d'une grande énergie. Au moment où il enlevait l'enclos, il fut coupé par le régiment entier du Royal-Allemand, masqué derrière un retranchement. Le choc fut terrible. Incapable de le soutenir, il dut songer à la retraite. — Après avoir envisagé sa situation, Boyé ne vit qu'un moyen de salut. Il se jeta dans une ligne d'infanterie ennemie qui occupait sa gauche et se fit jour le sabre à la main. Cette charge exécutée avec autant d'audace que d'intelligence eut son effet; le capitaine rejoignit l'armée juste au moment où son chef, le général Fromentin, venait à son secours.

Ce dernier, en voyant la déroute des volontaires, avait eu le bon esprit de protéger la retraite en lançant les hussards de Chamborand et les hussards rouges.

Sa colonne, trop faible en artillerie, n'avait pu, avec des pièces de quatre, répondre coup sur coup à l'énorme artillerie autrichienne; elle se replia vers trois heures du soir sur Taisnières, Hugemont et Dompierre.

Puis ayant reçu quelques pièces de huit, elle reprit l'offensive, arrêta l'ennemi et reprit sa position de la veille.

Les blessés français furent déposés dans l'église de Dompierre où plusieurs moururent.

Dans ces luttes générales et particulières se distinguaient déjà Bernadotte, Vezu, Marceau et Mortier. Ce dernier, devenu plus tard maréchal de France et blessé au combat de Saint-Aubin d'un coup de feu, reçut sur le champ même de bataille, pendant qu'on le pansait, le grade d'adjudant-général.

La canonnade ayant cessé, l'inaction et le silence succédèrent à cette scène de carnage. Les deux armées bivouaquèrent: elles cherchaient à s'observer.

Du côté des Français, la nuit fut mise d'autant plus à profit qu'il n'y avait pas à se dissimuler l'échec sur notre gauche, malgré les prodiges de valeur accomplis par les chefs et nos soldats. Jourdan et les généraux, sur les ordres de Carnot, décidèrent que l'aile gauche ne serait pas renforcée, que cet officier supérieur et le général Balland devraient se borner à tirailler et canonner les positions ennemies, tandis que l'aile droite de Duquesnoy, augmentée de six à sept mille hommes, empruntés aux divisions Fromentin et Balland, s'emparerait de Wattignies en se renforçant au besoin des troupes du camp de Maubeuge.

A l'apparition du jour, tout était préparé. Le prince de Cobourg, ignorant ce qui se passait, n'avait pris aucune disposition; cette insouciance causa sa ruine.

Le 16 octobre 1793, pendant que le général Balland canonnait toutes les hauteurs de Dourlers et que le général Fromentin dirigeait sur le flanc des ennemis l'artillerie des collines, pour recommencer l'attaque de la veille sans se compromettre trop audacieusement, Jourdan, ayant sous ses ordres le général Duquesnoy, escaladait le plateau de Wattignies.

Cette dernière position était formidable; entourée de ruisseaux et de gorges abruptes, elle renfermait sur le haut, un centre de retranchements et de haies, une artillerie foudroyante et l'élite de l'armée ennemie, les régiments hongrois et croates.

Dans la pensée de Carnot, la possession de Wattignies devait être la clef de la bataille et malgré les premières impressions de Jourdan, qui voulait renforcer l'aile gauche et pousser de ce côté, Carnot rallia le général à son avis et

dérouta ainsi le prince de Cobourg attendant l'attaque sur
sa droite, tandis que les Français allaient porter leurs efforts
principaux sur sa gauche et enlever la position. Carnot montra
dans l'élaboration de ce plan un véritable talent de stratégiste,
à idées neuves et personnelles, s'éloignant de la vieille tactique à laquelle les Autrichiens et leur chef obéissaient.

Sur toute la ligne, rien n'arrêtait les soldats français; ils
avançaient soutenus par des batteries de campagne qu'ils mon-
taient et de l'intérieur des bataillons, tantôt ouverts, tantôt
fermés, ils lançaient la mitraille à coups pressés et répétés.

Les Autrichiens ont raconté que jamais une telle canonnade
n'avait frappé leurs oreilles. « Jamais ils n'avaient, dit le prince
d'Hardenberg, entendu un si terrible tonnerre d'artillerie », et
ils entendaient, chose plus étonnante encore, au milieu du
fracas des bouches à feu, s'élever, dans l'armée française, les
chants belliqueux et les airs patriotiques.

Le village de Wattignies fut pris et repris trois fois à la
baïonnette ; trois régiments autrichiens y furent taillés en
pièces et anéantis, les hauteurs furent occupées. Le général en
chef Cobourg, se retira sur les plateaux dominant les hauteurs
et appela à lui toutes les forces dont il put disposer ; la bataille
n'était qu'à moitié gagnée, elle faillit être perdue.

Cependant le général de brigade Gratien, qui s'avançait en
tirailleur au milieu des bruyères, ne put soutenir le choc de
la cavalerie ennemie. Ses hommes s'étant débandés, il commanda la retraite, malgré l'ordre qu'il avait reçu de marcher,
quoi qu'il arrive, en avant; heureusement Carnot s'étant aperçu
de cette faute, s'avança, rallia la brigade, destitua le faible
général et ramena les troupes au feu.

De tous côtés, les soldats redoublant de courage et d'audace,
les armées coalisées ne purent tenir. La victoire de Wattignies
était désormais un fait acquis au profit de nos armes.

Dans cette journée du 16 octobre 1793, les généraux Jourdan,
Duquesnoy, Fromentin et Balland s'immortalisèrent :

Jourdan, par son intrépidité, sa présence d'esprit, et son
plan d'attaque conçu avec Carnot ;

Duquesnoy, en se battant vaillamment à l'aile droite ;
Balland, en reprenant Dourlers,)

Et Fromentin, rattrapant les pertes de la veille, en forçant le val de Saint-Vaast, Saint-Rémy, Saint-Aubin, en tuant le prince d'Anhalt-Coethen qui y commandait, et en détruisant les régiments de Brechainville et de Kavannagh. D'après un premier rapport de Jourdan, daté du quartier général d'Avesnes le 17, lendemain de l'action, les pertes de l'ennemi s'élevaient au moins à 6,000 hommes, tandis que les Français eurent 200 hommes tués et 1,200 blessés.

Ébranlé par ces attaques continuées avec tant d'audace, de bravoure et de persévérance, le prince de Cobourg, qui avait promis de se faire *sans-culotte* si les Français venaient le déloger de Wattignies, ne remplit pas sa promesse, mais profitant, dit Jourdan, de l'obscurité de la nuit et d'un brouillard épais, évacua toutes les positions, donna l'ordre de se replier et de battre en retraite sans même attendre l'arrivée du duc d'York, qui accourait à grands pas sur la Sambre avec un corps nombreux pour le secourir.

Voici en quels termes le général en chef Jourdan avait rendu compte de la journée du 16 octobre 1793, dans une première lettre du même jour :

« Le général en chef de l'armée du Nord au citoyen ministre de la
« guerre. »

« Quartier général d'Avesnes, 17 octobre, l'an 2ᵐᵉ.

« J'ai reçu hier, sur le champ de bataille, votre dépêche,
« citoyen ministre, la division de droite, aux ordres du géné-
« ral Duquesnoy, a forcé le camp et le poste de Wattignies que
« sa position rendait imprenable ; mais rien n'a résisté à la
« baïonnette des Républicains. La division de gauche, aux
« ordres du général Fromentin, a forcé le val de Saint-Vast,
« Saint-Rémy et Saint-Aubin. J'apprends à l'instant que l'en-

« nemi a évacué, dans la nuit, le camp qu'il avait sur les hau-
« teurs de Dourlers, sans doute, parce qu'il craint d'y être
« enveloppé. Je monte à cheval et j'espère vous en rendre bon
« compte. Le combat d'hier a commencé à huit heures du ma-
« tin et a cessé à la nuit. L'ennemi a perdu beaucoup de
« monde. Les Républicains se sont battus avec un courage
« dont il n'y a pas d'exemple. Les Représentants du peuple,
« Carnot et Duquesnoy, ont marché à la tête des troupes qui
« ont chargé ; ils ont destitué, sur le champ de bataille, le
« général de brigade Gratien, qui ayant reçu l'ordre de se
« porter en avant, avait battu en retraite. Cet acte de justice a
« fait un bon effet, cette brigade a été de suite reprendre son
« poste. Je n'ai pas le temps de vous donner de plus amples
« détails, il est plus essentiel dans ce moment de se battre que
« d'écrire.

« Signé JOURDAN. »

Cette lettre-rapport fut lue à la Convention, dans la séance
du 27ᵉ jour du 1ᵉʳ mois de l'an II. L'assemblée l'applaudit et
ordonna son insertion au *Bulletin*. Il s'éleva une légère dis-
cussion sur la lâcheté de Gratien, dont on se montra indigné.
Duhem demanda qu'il fût jugé militairement sur le champ de
bataille et que la même mesure fut adoptée pour tous les généraux lâches. Cette proposition, combattue par Albitte, comme
pouvant favoriser les passions particulières, fut renvoyée au
Comité de Salut public qui dut faire un rapport le lendemain.

Le 17 octobre 1793, les vainqueurs de Wattignies, longeant
la Sambre, entraient à Maubeuge au milieu des transports de
la joie la plus frénétique.

La nouvelle de cette grande victoire de l'armée du Nord ne
tarda pas à se répandre et déconcerta les espérances des
émigrés. Elle fut annoncée à la Convention à la séance du
28ᵉ jour du 1ᵉʳ mois de l'an II, que présidait Charlier. Nous
empruntons le récit suivant au compte rendu du journal

rarissime de l'époque, l'*Auditeur National*, n° 393, paru le
29e jour :

« Il vient d'arriver au Comité de Salut public, dit un membre,
Villiers, un courrier qui a apporté la nouvelle d'une victoire
remportée par l'armée du Nord, je demande que le Comité en
donne connaissance à la Convention. L'assemblée décrète que
le Comité en donne connaissance à la Convention. Un moment
après, Billaud-Varennes, membre du Comité de Salut public,
paraît à la tribune. — Je vais, dit-il, vous faire lecture d'une
dépêche de nos collègues auprès de l'armée du Nord, qui nous
apprend qu'une victoire éclatante vient d'être remportée sur
les Autrichiens, et comme les chances de la guerre sont variées,
nous avons appris en même temps que l'armée du Rhin, par
une trahison infâme, a éprouvé un échec assez considérable
(allusion à la perte des lignes de Wissembourg). Le Comité a
pris toutes les mesures convenables pour réparer ce malheur.

« Il fait ensuite lecture de la lettre écrite par les représentants
du peuple, Duquesnoy, Carnot, etc., etc., datée du quartier
général de Maubeuge, le 6e jour de la 3e décade du 1er mois
(18 octobre 1793). Voici ce qu'elle contient :

« L'armée républicaine a vaincu les despotes coalisés; ils
ont fui devant elle et nous venons d'entrer dans Maubeuge aux
acclamations du peuple et de la garnison. Le combat a duré
deux jours consécutifs depuis l'aurore jusqu'à la nuit. Nous
nous disposions à recommencer; nos troupes étaient sur pied
lorsque les éclaireurs sont venus nous annoncer que les ennemis avaient disparu. Notre armée s'est emparée de leur camp,
jonché de cadavres.

« Jamais de plus grands préparatifs n'avaient été faits pour
prendre une ville; depuis dix-sept jours, les ennemis travail-
laient à élever des retranchement inexpugnables pour tout
autre que pour les soldats de la République. Cobourg se
croyait tellement en sûreté qu'il disait: les Français se disent
de fiers républicains, et je l'avouerai moi-même, s'ils me chas-
sent d'ici. Ce propos fut rapporté à nos braves et le camp fut
emporté une heure après. L'ennemi avait réuni ses forces, les

républicains le chargèrent, la baïonnette au bout du fusil,
fondirent en avant et l'obligèrent à fuir avec précipitation.
Toute son artillerie serait tombée entre nos mains, si la garnison de Maubeuge avait pu être instruite de ce qui se passait;
nous nous sommes emparés de beaucoup d'effets de campe-
ment.

« Les représentants du peuple terminent par faire le plus
grand éloge du général Jourdan, qui, dans son coup d'essai, a
montré l'activité et la prudence la plus consommée; ils annon-
cent qu'ils ont fait distribuer aux habitants d'Avesnes, vic-
times du brigandage des Autrichiens, un secours de deux cent
mille livres. La lecture de cette lettre a souvent été interrom-
pue par les plus vifs applaudissements. »

Mais bientôt Jourdan, suivant l'ordre impératif qui lui fut
notifié à la fin d'octobre par le Comité de Salut public, fît de
nouvelles dispositions de résistance et d'attaque.

La division Fromentin, qui se trouvait à Landrecies, fut pré-
cipitamment appelée à Fourmies où elle fut chargée de porter
des entraves aux bataillons ennemis.

Voici la lettre que reçut le général :

« Au quartier général de Maubeuge, le 27 octobre 1793,
2me de la République une et indivisible.

« *Le général en chef au général Fromentin.*

« Il est ordonné au général Fromentin de lever son camp
« demain à six heures du matin et de faire prendre les armes
« à toute sa division, d'inquiéter l'ennemi sur tous les points
« qui sont en sa présence, sans se compromettre; si cependant,
« sans courir aucun risque, il voyait la possibilité de forcer
« l'ennemi, il n'y manquerait pas.

« Il lui est ordonné de correspondre avec le général Ferrand,
« commandant à Maubeuge, qui pourra même lui donner des
« ordres, suivant les circonstances, lui faire tous ses rapports

« et lui rendre compte de ses différentes positions, attendu
« que je me porte de ma propre personne à Beaumont.

« Signé: JOURDAN. »

Fromentin exécuta les ordres qui lui avaient été donnés, mais les pluies d'automne avaient mis les routes dans un état déplorable, et les chemins étaient si impraticables qu'il ne put inquiéter l'ennemi, d'autant qu'encore frappé de la bataille de Wattignies, celui-ci était méfiant et s'éloignait au fur et à mesure qu'on l'approchait. L'opération projetée par le général en chef ne put avoir d'exécution pour ces motifs.

Après plusieurs légers combats, Fromentin, détaché à l'armée des Ardennes, prit un moment son quartier d'hiver en avant de Philippeville pour observer Charleroi, puis il fut renvoyé vers Avesnes.

Le 9 décembre 1793, quelques troupes autrichiennes vinrent à Solre-le-Château et y commirent de graves excès ; le 1er janvier 1794, un corps plus considérable de la même nation revint à ce bourg ; mais cette fois, les généraux Fromentin et Duhesme, qui étaient cantonnés dans les environs, furent prévenus à temps, ils se rendirent en toute hâte à Solre-le-Château avec leurs troupes, firent décamper les Autrichiens et les poursuivirent jusque sous les murs de Beaumont.

Dans les premiers jours de pluviôse an II (janvier 1794), le général Fromentin reçut l'ordre de fixer son quartier général à Avesnes, où il demeura quelque temps, ayant sous la main, comme cavalerie, des dragons, des hussards et des chasseurs, en tout 14,000 hommes environ. Presque tous les jours, il correspondait avec les généraux de division Maisonneuve et Colaud, campés l'un à Cerfontaine, l'autre à Maubeuge, avec le général Duhesme qui surveillait les environs de Solre-le-Château et avec les représentants du peuple, Rollet et Vidalin, alors à Douai.

Le 6 janvier 1794, le général Maisonneuve faisait dire au général Fromentin, qu'il avait pris à l'ennemi, au village de Berelles, trente-cinq voitures de fourrage et deux cloches. Il

mandait en outre qu'un tirailleur, tué par l'ennemi, avait été
découpé par morceaux, par suite qu'il n'y avait plus de misé-
ricorde à accorder aux troupes coalisées, que Coursolre venait
d'être pillé et qu'un renfort de quatorze pièces de canons, dont
quelques-unes de 13, venait d'arriver à l'ennemi du côté de
Beaumont.

La position était donc très tendue. Les deux lettres ci-après,
écrites par le général Colaud, en donnent bien l'idée.

« Maubeuge, le 10 pluviôse, 2ᵐᵉ année républicaine.

« *Le général de division Colaud au général de division Fromentin.*

« Mon cher camarade,

« Notre position devient de jour en jour plus alarmante,
« nous n'avons pas eu aujourd'hui de quoi finir notre distri-
« bution de viande. Je viens d'apprendre par le préposé des
« vivres qu'il n'y a plus que sept vaches à Avesnes pour ta
« division et celle de Maubeuge, comment ferons-nous la prise
« prochaine, je n'en sais rien.

« J'en ai rendu compte au général en chef et donné avis au
« commissaire-ordonnateur. Écris de ton côté pour le même
« objet et harcelons-les de lettres, jusqu'à ce que les approvi-
« sionnements nous arrivent. Je m'entendrai toujours parfaite-
« ment avec toi pour tout ce qui concerne nos divisions ; il est
« bien malheureux d'être à la tête de troupes qui sont dénuées
« de tout, sans armes, sans souliers et sans vivres, et qu'il faille
« sans cesse être occupé la nuit pour pouvoir vivre le lende-
« main. Si l'on n'envoie pas bientôt un représentant du peuple
« ici, je prendrai mon parti, car je n'ai pas envie de me désho-
« norer ou de passer pour un traître.

« Salut et fraternité,

« Signé : COLAUD. »

« Maubeuge, le 11 pluviôse, 2me année républicaine.

« *Le général de division Colaud au général de division Fromentin.*

« Mon cher camarade,

« Je reçois à l'instant ta lettre du 11 pluviôse, tu me fais
« grand plaisir de m'annoncer l'arrivée des bœufs, car je devais
« faire délivrer de la viande salée demain. A force de crier,
« tous deux, peut-être obtiendrons-nous à la fin les approvi-
« sionnements nécessaires à nos troupes.

(*Voir la suite aux pièces justificatives.*)

« Salut et fraternité,

« *Signé :* COLAUD. »

Le 29 mars 1794, Fromentin fit maintes reconnaissances et
livra des combats dans les environs d'Ors et de Pommereuil
où sa tactique embarrassa l'ennemi. Plusieurs fois même, les
postes autrichiens établis au Pommereuil ne reprirent leur
position qu'à l'aide de la réserve accourue à leur secours.

Vers le 10 avril 1794, l'armée des alliés s'avança en huit
colonnes pour investir Landrecies. Fromentin leur ferma le
passage, mais après plusieurs engagements terribles, il fut
refoulé par la première colonne, qui passa la Sambre à Ors et
à Catillon.

Fromentin se rejeta sur la petite Helpe, du côté de Maroilles.

Avant l'établissement de la grande route qui relie aujour-
d'hui Landrecies à Avesnes, les communications avaient lieu
par un pont situé au Grand-Fayt. Le 18 avril 1794, s'engagea
sur ce pont et dans les environs un combat opiniâtre et acharné
entre les troupes autrichiennes et la division du général Fromentin ; l'ennemi, furieux d'être toujours harcelé dans sa
marche, détruisit non seulement le pont, mais brûla encore
le village et deux hameaux voisins.

Le 26 avril 1794, les troupes du général Fromentin cherchè-
rent à inquiéter l'ennemi ; de part et d'autre, les soldats se bat-
tirent vaillamment ; toutefois, du côté des Français, le succès

ne répondit pas à la valeur déployée ; l'ennemi, grâce à des renforts reçus, se maintint sur la rive gauche de l'Helpe.

Le 29 avril, la division Fromentin se jeta encore au travers du mouvement des troupes ennemies, mais n'obtint pas un meilleur résultat.

Il fallut perdre l'espérance de secourir Landrecies ; cette ville, bombardée, criblée de boulets rouges, n'était plus qu'un monceau de ruines ; ne pouvant résister, elle se rendit : la garnison capitula.

A cette nouvelle, Fromentin, comme le voulait le Comité de Salut public, fut dirigé de nouveau sur Maubeuge ; son armée alla rejoindre à Beaumont celle des Ardennes afin d'agir sur la Sambre.

En attendant l'arrivée de Jourdan, les généraux Charbonnier et Desjardins s'étaient partagés le commandement des troupes ; ce fut sous les ordres de ce dernier que furent placées les divisions Fromentin et Despreaux, fortes ensemble de 36,000 hommes.

Longtemps, les efforts tentés sur la Sambre par l'armée républicaine ne présentèrent que des scènes de carnage sans avantage ; des escarmouches avaient lieu tous les jours sur les bords des cours d'eau, et à part des faits isolés, on était toujours dans une égale ligne d'observation.

Soudain les officiers supérieurs résolurent d'en finir. Le 10 mai 1794, à l'aube, on décida de forcer le passage de la rivière, l'armée française s'avança en plusieurs colonnes ; les divisions Fromentin et Muller, formant le centre, furent chargées de l'attaque. Les bataillons se dirigèrent sur Thuin, culbutèrent avec la plus grande vigueur les troupes coalisées et se rendirent maîtres du terrain.

La division Fromentin, après avoir poursuivi l'ennemi au delà de la Sambre, s'établit dans l'abbaye de Lobbes afin de protéger le passage du reste de l'armée.

Le 11 mai 1794, les Autrichiens se rassemblèrent de nouveau, vers Erquelines et Merbes-le-Château, pour attaquer l'armée française ; la division Fromentin ne se trouvant pas assez forte pour résister, se replia pour se joindre à la brigade du général Duhesme, puis n'hésita pas à engager le combat au moment où la colonne ennemie débouchait du mont Sainte-Geneviève. L'action fut terrible : après une lutte sanglante, les Français s'emparèrent des bois environnant la plaine de Lobbes ; l'ennemi se retira à Merbes-le-Château où il fut de nouveau mis en déroute par les troupes républicaines.

Du 20 au 29 mai 1794, le représentant Saint-Just fit renouveler plusieurs fois le passage de la Sambre, sans que les Français pussent se maintenir sur la rive gauche.

Dans l'attaque du 26, le général Fromentin, chargé de forcer le pont de Lernes, se battit vaillamment pendant toute une journée sans pouvoir arriver, malgré des efforts inouïs, à s'assurer la situation.

Le 29, Marceau et Duhesme qui commandaient l'avant-garde, ayant enlevé de vive force, sous la mitraille et la mousqueterie ennemie, le pont et la place de Marchiennes, les divisions Fromentin, Vezu et Mayer se portèrent à droite et à gauche de Charleroi, dont l'investissement eut lieu le lendemain.

Le 2 juin 1794, le prince d'Orange ayant emporté toutes les positions françaises, l'armée des Ardennes et la droite de l'armée du Nord furent rejetées au delà de la Sambre.

Ces insuccès ne furent pas étrangers à la destitution qui frappa le général le 3 juin 1794. Mais celle-ci ne devait pas durer, et le Comité de Salut public, rendant justice à la bravoure, si bien prouvée par ses blessures, de Fromentin et à ses efforts, ne maintint pas ses rigueurs. Le 17 juillet 1794, Fromentin était réintégré dans son grade.

Le général prit encore part à diverses autres affaires, notamment à Fontaine-l'Évêque et à la reddition de la ville de Dinant.

A la fin de juin 1794, les Français occupèrent Charleroi.

Le siège de cette ville fut poussé avec la plus grande vigueur ; après six jours de tranchée ouverte, l'ennemi, sommé de se rendre, refusa de livrer ses armes.

Le feu redoubla à tel point que la garnison fut forcée de

demander à capituler et de se rendre à discrétion. Cette prise
importante fut le prélude de la bataille de Fleurus.

A la suite de ces combats et victoires, la Convention nationale décréta *que toutes les armées réunies avaient bien mérité de
la Patrie* et qu'elles recevraient le nom d'*armée de Sambre-et-
Meuse*.

Le 17 juillet 1794 (30 messidor an II), le général Fromentin
fut pourvu du commandement de Landrecies. Dans ce poste de
confiance, il rendit encore maint service à l'armée en campagne, soit en assurant le passage des convois de vivres qui
lui étaient destinés, soit en organisant une défense sérieuse
sur ses derrières, capable de couvrir une retraite, en cas où les
chances toujours si aléatoires de la guerre eussent tourné
contre nous. Le 28 février 1795, on étendait son gouvernement
militaire aux places de Saint-Quentin, du Quesnoy et de Guise.

Au milieu des divers assauts qu'il eut à soutenir sur le
champ de bataille, Fromentin avait été blessé de quatre coups
de sabre à la tête, d'un autre à l'épaule gauche, d'un coup de
feu à la même épaule et d'un coup de pointe à l'avant-bras ;
ces blessures, jointes aux fatigues de luttes continuelles, le firent
songer au repos.

Le 12 mars 1795, il contracta mariage avec Marie-Catherine
Lebrun, née aux Fayts (1), arrondissement d'Avesnes, fille de
Philippe Lebrun et de Marie-Catherine Évrard.

Le 23 octobre 1799, il fut admis à faire valoir ses droits à la
retraite comme général de division, avec une pension annuelle
de 6,000 francs.

Dès lors il se fixa dans la commune de Marbaix, près Avesnes. Il y habitait une grande maison, devenue depuis la mairie.
Il s'occupait de plantations, créait des bosquets et jouissait
d'une certaine popularité, non seulement dans l'endroit, mais

(1) La réunion des deux villages, Fayt-Château et Fayt-Ville, en une
même paroisse existait encore en 1795, d'où ce nom : *les Fayts*. Leur
division date de l'an XI, année où, par suite du rétablissement du culte,
on arrêta de nouvelles circonscriptions paroissiales.

dans tous les environs. Le 12 novembre 1806, il fut nommé chef de la dixième légion des gardes nationales du département du Nord.

Mais une fois qu'il eut quitté le service actif, le général Fromentin eut une vie très calme et se retira du monde. Les événements de l'Empire ne changèrent rien à sa résolution demeurée inébranlable. Il semble s'être, jeune encore alors, rayé lui-même de la vie publique, et jamais il ne dérogea à ce culte de l'effacement. Aussi quand, sous la monarchie de Juillet, l'on s'occupa de rechercher les noms des braves de la République dignes de figurer sur l'Arc-de-Triomphe de l'Étoile, celui de Fromentin demeura-t-il sans chance d'être choisi et ne le fut-il pas (1). Une dernière circonstance doit encore le rappeler à notre mémoire.

Lorsque M. Thiers composa son *Histoire de la Révolution française*, il alla à Marbaix voir le général Fromentin et se renseigna près de lui sur les faits de l'armée du Nord et de Sambre-et-Meuse, puis se retira si absorbé que la femme du général ne put jamais pardonner au grand écrivain de s'être si intéressé, pendant un jour, d'opérations de guerre, sans s'occuper de ses enfants qui jouaient autour de lui.

Le 19 octobre 1830, le général Fromentin mourut à Marbaix, à l'âge de soixante-seize ans, laissant une veuve et quatre enfants. Sa veuve ne lui survécut que quelques mois, elle décéda le 7 mars 1831. Les quatre enfants se dispersèrent.

L'aînée, la fille, alla avec son mari habiter Lille ; des trois garçons, le premier se fixa à Avesnes, le deuxième à Valenciennes et le troisième à Berlaimont.

---

(1) On réparera sans doute cette omission en l'inscrivant sur le monument actuellement projeté qui doit s'élever sur la place de Wattignies. Tel est du moins notre vœu.

PIÈCES JUSTIFICATIVES

Extrait de l'un des registres de baptême de la paroisse de
Notre-Dame d'Alençon, déposés aux archives de la mairie de
cette ville, pour l'année 1754.

Août 1754.

Le samedi trois, par nous prêtre soussigné, a été baptisé Jacques-
Pierre, né d'hier, à midi, Marché aux Chevaux, en légitime mariage,
fils de Pierre Fromentin, marchand, et dame Charlotte Leconte, son
épouse. Le parrain Jacques Fromentin, la marraine Marie-Charlotte
Lenoir, le père absent.

Le registre est signé : Marie Lenoir du Fresne, Fromentin,
Lacroix, J.-L. Fagry, prêtre.

Pour copie conforme, délivré sur papier libre pour service administratif. A Alençon, le 2 janvier 1890.

Le maire,
E. DESCHAMPS.

Extrait du registre aux actes de l'état civil de la commune des Fayts pour l'an III de la République française.

Le vingt-deux ventôse de la troisième année de la République française, une indivisible, se sont rendus en la commune des Fayts, district d'Avesnes, département du Nord, le citoyen Jacques-Pierre Fromentin, âgé de quarante ans, né en la commune d'Alençon, chef-lieu de district, département de l'Orne, général de division de l'armée de Sambre-Meuse, commandant la place de Landrecy, fils de Pierre, vivant en son bien, et dame Charlotte Les Compts, deffunts, domiciliés à ladite commune dudit Alençon; ledit Jacques-Pierre Fromentin, domicilié à ladite commune de Landrecy, d'une part; et la citoyenne Marie-Catherine Lebrun, âgée de vingt-quatre ans, née en la commune dudit Fayt, cousière de sa profession, fille de Philippe Lebrun, laboureur de sa profession, et de deffunte Marie-Catherine Évrard, son épouse, domiciliés à ladite commune, dudit Fayt, d'autre part. Lesdits Jacques-Pierre Fromentin et ladite Marie-Catherine Lebrun, assistés et accompagnés du citoyen André Pinvin, âgé de trente-neuf ans, cultivateur de profession, domicilié à la commune dudit Fayt, et Jean-Pierre Fromentin, âgé de quarante-trois ans, vivant de son bien, domicilié à Alençon, chef-lieu de district, département de l'Orne; et les citoyens Philippe Lebrun, âgé de cinquante-six ans, laboureur de profession, et père à ladite Marie-Catherine Lebrun, domiciliés à ladite commune dudit Fayt; Philippe Lebrun, âgé de vingt-six ans, au service de la République, domicilié à présent à ladite commune dudit Fayt; tous quatre témoins, en présence desquels il a été fait lecture par moi, Nicolas-Joseph Bourgogne, officier public de ladite commune dudit Fayt et des publications faites les dix-sept ventôse à ladite commune dudit Fayt, en celle de la commune de Lan drecy et de promesse de mariage faite entre ledit Jacques-Pierre Fromentin et ladite Marie-Catherine Lebrun à la maison commune dudit Fayt le vingt ventôse de la troisième année de la République française, une et indivisible. Ont, lesdits Jacques-Pierre Fromentin et Marie-Catherine Lebrun déclaré à haute voix, en présence desdits quatre témoins, se prendre mutuellement en mariage et faite. Nous, Nicolas-Joseph Bourgogne, officier public susdit, avons prononcé au nom de la loi, que ledit Jacques-Pierre Fromentin et ladite Marie-

Catherine Lebrun étaient unis par le mariage. Ont, lesdits Jacques-Pierre Fromentin et Marie-Catherine Lebrun, mariés, ainsi que lesdits quatre témoins, signé avec nous, les jour, mois et an susdits : Fromentin ; C.-J. Lebrun ; J.-P. Fromentin ; témoins ; P. Lebrun, père et témoin ; P. Lebrun, témoin ; A. Painvin, témoin, et Bourgogne, officier public.

Pour extrait conforme et littéral, délivré par nous, Humbert-Joseph Berlaymont, maire, officier de l'état civil de la commune de Grand-Fayt.

A Grand-Fayt, le 7 février 1890.

Le maire,

BERLAYMONT H.

Extrait des registres aux actes de mariage de la commune des Fayts pour l'année 1795.

ACTE DE MARIAGE

De Jacques-Pierre Fromentin, âgé de quarante ans, né à Alençon, département de l'Orne, fils de Pierre Fromentin et de Charlotte Lecompte, d'une part : Et de Marie-Catherine Lebrun, âgée de vingt-quatre ans, née à Fayt, département du Nord, fille de Philippe Lebrun et de Marie-Catherine Évrard, d'autre part : Ont été unis par le mariage, le vingt-deux ventôse de la troisième année de la République française. Au registre ont signé : J. Fromentin et Catherine Lebrun ; P. Fromentin, Charlotte Lecompte, Philippe Lebrun, Marie Évrard, Lebrun, Fromentin, Lebrun Paintvin, témoins ; et Bourgogne, officier de l'état civil.

Certifié conforme aux registres de l'état civil, et délivré gratuitement, sur papier libre, à titre de renseignement administratif.

7 février 1890.

Le maire,

BERLAYMONT H.

Extrait du registre aux actes de l'état civil de la commune de Marbaix, pour l'année 1830 (délivré sur papier libre à titre de renseignements).

L'an mil huit cent trente, le dix-neuf du mois d'octobre, par-devant nous Pierre-Joseph Bertaux, maire, officier de l'état civil de la commune de Marbaix, arrondissement d'Avesnes, département du Nord, sont comparus Désiré-Philippe Fromentin, âgé de trente-deux ans, fils au défunt, marchand, domicilié à Avesnes, et Louis Fromentin, âgé de vingt-quatre ans, aussi fils du défunt, propriétaire, domicilié à Émeries, lesquels nous ont déclaré que Jacques-Pierre Fromentin, âgé de soixante-dix-sept ans, lieutenant-général en retraite, né à Alençon, département de l'Orne et domicilié à Marbaix, marié à Marie-Catherine Joseph Lebrun, fils de Pierre Fromentin et de Charlotte Lecomte son épouse, tous deux défunts, est décédé le dix-neuf du même mois à une heure du matin à sa maison à Marbaix, et les déclarants ont signé avec nous le présent acte après que lecture leur en a été faite.

Suivent les signatures.

Pour copie conforme,

Mairie de Marbaix, le 7 janvier 1890.

Le maire,

WILLOT OMER.

Lettre du général Jourdan au général Fromentin.

Au quartier général à Maubeuge, le 27 octobre 1792, deuxième année de la République une et indivisible.

Le général en chef au général Fromentin.

Il est ordonné au général Fromentin de lever son camp demain, 28 du courant, à six heures du matin et de faire prendre les armes à toute sa division, d'inquiéter l'ennemi sur tous les points qui sont en sa présence, sans se compromettre; si cependant, sans courir aucun risque, il voyait la possibilité de forcer l'ennemi, il n'y manquerait pas.

Il lui est ordonné de correspondre avec le général Ferrand, commandant à Maubeuge, qui pourra même lui donner des ordres, suivant les circonstances et lui fera tous ses rapports et lui rendra compte de ses différentes positions, attendu que je me porte de ma propre personne à Beaumont.

Signé : JOURDAN.

Le général en chef de l'armée du Nord au citoyen ministre de la guerre.

Quartier général d'Avesnes, 17 octobre, l'an deuxième.

J'ai reçu hier sur le champ de bataille, votre dépêche, citoyen ministre ; la division de droite aux ordres du général Duquesnoy, a forcé le camp et le poste de Watignies, que sa position rendait imprenable ; mais rien n'a résisté à la baïonnette des républicains. La division de gauche, aux ordres du général Fromentin, a forcé le val de Saint-Wast, Saint-Rémi et Saint-Aubin. J'apprends à l'instant que l'ennemi a évacué dans la nuit, le camp qu'il avait sur les hauteurs de Dourlers, sans doute parce qu'il a craint d'y être enveloppé. Je monte à cheval, et j'espère vous en rendre bon compte. Le combat d'hier a commencé à huit heures du matin et a cessé à la nuit. L'ennemi a perdu beaucoup de monde. Les républicains se sont battus avec un courage dont il n'y a pas d'exemple. Les représentants du peuple, Carnot et Duquesnoy, ont marché à la tête des troupes qui ont chargé. Ils ont destitué sur le champ de bataille le général de brigade Gratien qui, ayant reçu l'ordre de se porter en avant, avait battu en retraite. Cet acte de justice a fait un bon effet, et cette brigade a été de suite reprendre son poste. Je n'ai pas le temps de vous donner de plus amples détails, il est plus essentiel dans ce moment de se battre que d'écrire.

Signé : JOURDAN.

Lettre du général de brigade Cordellier.

Au quartier général au Nouvion, 11 octobre.

Citoyen président, la Convention nationale n'apprendra pas sans doute, sans intérêt, un petit avantage qui vient d'être remporté par les troupes que je commande, dans les plaines qui se trouvent entre le coteau et la forêt du Nouvion. Envoyé par le général de division Fromentin, commandant les flanqueurs de droite de l'armée du Nord au bourg de Nouvion pour en garder la forêt avec environ 1,800 hommes d'infanterie et 600 hommes de cavalerie, je disposai mes forces, de manière à empêcher l'ennemi de pénétrer dans les environs de ce poste. Ce matin un piquet de 50 hommes de cavalerie et un autre de 100 hommes d'infanterie se portèrent en avant pour reconnaître l'ennemi, qui avait commis la veille quelques pillages. A peine arrivés au village d'Oisy, les éclaireurs vinrent instruire le citoyen Soland chef d'escadron, commandant le 6° régiment de cavalerie qui s'était mis à la tête de 50 de ses braves cavaliers, que l'ennemi s'avançait au nombre d'environ 150 tant en éclaireurs qu'en escadron, sur le village de Catillon-sur-Sambre et celui de Beaulieu. Le brave Soland réussit parfaitement dans son entreprise et, à l'aide d'un quart de conversion à gauche, il tomba sur l'ennemi qui l'attendait près d'un moulin à vent la lance en arrêt. Cette prestance fut loin d'intimider nos braves cavaliers, qui les pressant par le flanc, les mirent dans une déroute complète, firent mordre la poussière à 9 d'entre eux, prirent 8 prisonniers 9 chevaux et une quantité de lances que l'ennemi fut obligé d'abandonner pour battre en retraite plus facilement. Nos troupes, à qui la prudence défendait d'aller plus avant, firent leur retraite dans le meilleur ordre, et arrivées à leur cantonnement, n'eurent rien de plus pressé que de porter des secours à ceux des prisonniers qui avaient reçu des blessures ; c'est à quoi ceux-ci ne s'attendaient pas ; car un d'eux, légèrement blessé, avoua qu'il s'attendait à être tué, d'après le récit qui lui avait été fait de la cruauté des Français ; il déclara même, que l'ordre leur avait été donné de ne point faire de grâce. . . . .
. . . .

Signé : CORDELLIER.

Maubeuge, ce 8 pluviôse, l'an 2 de la République une et indivisible.

Le général de division Maisonneuve au général de division Fromentin

Mon bon camarade, j'ai reçu ce matin une instruction ou arrêt des citoyens Rollet et Vidalin, représentants du peuple à l'armée du Nord, pour fournir, savoir :

Pour la cavalerie. . . . 160 hommes ⎫
Pour les dragons. . . . 28 — ⎪
Pour les chasseurs. . . 110 — ⎬ 365 hommes.
Pour les hussards. . . 75 — ⎭

Comme l'on m'a envoyé mon paquet et toutes les significations pour la division d'Avesnes me croyant la commander puisque l'on me croit mon quartier général à Avesnes, je te prie de vouloir bien me dire si tu as reçu une pareille arretté pour ne faire double besogne, enfin je vais toujours en avant dans ma division pour cet objet, car il faut tous les cinq jours correspondre avec les représentants du peuple à Douay.

Salut et fraternité.

Ton ami et camarade,

MAISONNEUVE.

Maubeuge, le 10 pluviôse, 2ᵉ année républicaine.

Le général de division Colaud au général de division Fromentin.

Mon cher camarade,

Notre position devient de jour en jour plus alarmante, nous n'avons pas eu aujourd'hui de quoi finir notre distribution de viande. Je viens d'apprendre par le préposé des vivres qu'il n'y a que sept vaches à Avesnes pour ta division et celle de Maubeuge. Comment ferons-nous la prise prochaine, je n'en sais rien.

J'en ai rendu compte au général en chef et donné avis au commissaire ordonnateur ; écris de ton côté pour le même objet, et harcelons-les de lettres, jusqu'à ce que les approvisionnements nous arrivent, je m'entendrais toujours parfaitement avec toi pour tout ce qui concernera nos divisions ; il est bien malheureux d'être à la tête de troupes qui sont dénuées de tout, sans armes, sans souliers et sans vivres, et qu'il faille sans cesse être occupé la nuit pour vivre le lendemain.

Si l'on envoye pas bientôt un représentant du peuple ici, je prendrai mon parti, car je n'ai pas envie de me déshonorer, ou de passer pour un traître.

Salut et fraternité.

COLAUD.

Maubeuge, ce 11 pluviôse, 2e année républicaine.

Le général de division Colaud au général de division Fromentin.

Mon cher camarade,

Je reçois à l'instant ta lettre du 11 pluviôse, tu me fais grand plaisir de m'annoncer l'arrivée des bœufs car je devais faire délivrer de la viande salée demain, à force de crier tous les deux, peut-être obtiendrons-nous à la fois les approvisionnements nécessaires à nos divisions.

Le général Maisonneuve partit ce matin pour faire l'opération relative à la cavalerie, il m'annonce en ce moment, que deux colonnes d'infanterie et troupes à cheval filent devant hanter sur Beaumont il a donné des ordres pour surveiller cette marche, et il en a instruit le général Duhesme à Beugnies. Tu peux le faire prévenir de ton côté en cas que la lettre de Maisonneuve n'arrive pas.

Salut et fraternité.

COLAUD.

Le général de division Vezu au général de division Fromentin.

J'aurai désiré, mon cher camarade, de pouvoir répondre plus tôt à ta lettre du 9 de ce mois par laquelle tu me demandes des renseignements sur les citoyens Milcamp marchand à Binch, mais le citoyen Dugateau était incommodé et je n'ai pu le voir qu'hier.

Le douzième bataillon des fédérés a été pendant quelque temps cantonné à Binch et Dugateau quartier-maître de ce corps y a connu la citoyenne Milcamp, qui y est fripière : elle y jouit d'une bonne réputation, elle y était même regardée comme patriote, depuis que le 12ᵉ bataillon est venu de Binch à Maubeuge ; elle y est venue aussi, peu de temps avant le blocus. Il paraît que le motif ou le prétexte de son voyage était de voir deux de ses enfants qui servent dans les Belges. Le citoyen Dugateau n'a rien remarqué dans sa conduite qui pût me la rendre suspecte, il m'assure que le bataillon en général, en a la même opinion, il faut que vous ayez vu et questionné à Avesnes, le frère de Dugateau sur le compte de cette femme, et que tu lui aye laissé appercevoir qu'elle était arrêtée pour fait de faux assignats ; car il m'a dit qu'il en avoit été informé avant que je la visse, et qu'il le tenoit de son frère qu'il l'avoit appris de toi à Avesnes.

Ce que je te marque ne t'avancera pas beaucoup, mais enfin c'est tout ce que j'ai pu savoir.

Salut et fraternité.

VEZU.

Maubeuge, ce 15 nivôse de la 2ᵉ année républicaine.

Au quartier général de Maubeuge, le 20 nivôse, l'an 2ᵉ de la République une et indivisible.

LIBERTÉ. ÉGALITÉ.

Le général de division Maisonneuve au général de division Fromentin.

Citoyen général,

Dans l'instant je reçois ta lettre et on m'a assuré que le citoyen Ravier, adjoint à l'état-major, était placé à Maroilles, ce que j'ignore.

Je t'apprends que le général Jourdan m'a donné le commandement de la division du général Vezu qui part pour Paris aujourd'hui.

Je correspondrai avec toi pour tout ce qui concerne le service, tu voudras bien en faire autant, seul moyen pour servir la République ensemble.

Salut et fraternité.

Le général de division,

MAISONNEUVE.

De Maubeuge, le 18 nivôse, l'an 2 de la République une et indivisible.

LIBERTÉ

Le général de division Maisonneuve au général de division Fromentin.

Mon brave camarade, je te fais part que le général de division Colaud est arrivé ici et qu'il me remplacera dans le commandement de la division de Maubeuge, je vais retourner à mon quartier général de Cerfontaine sous peu, où tu me trouveras lorsque cela te feras plaisir. Je suis flatté de te dire qu'hier matin j'ai pris à l'ennemi au village de Bersillies 35 voitures de fourrage et deux cloches, ils m'ont tué un dragon du 5ᵉ régiment, il étoit en tirailleur, mais il a été imprudent; après avoir été tué par un tirollier les féroces ennemis l'ont découpé en morceau, ainsi il ne faut plus les flatter comme nous faisons. Dans l'instant je suis instruit que l'ennemi a pillé à Cousolre, et qu'il a reçu du renfort du côté de Beaumont, et il renforce les postes et les cantonnements; il lui est arrivé hier quatorze pièces de canon dont quelques-unes de 13, j'ai pris mes précautions, pour me garder je tiens mon camarade de vouloir prévenir Duhesme qu'il veille de son côté, car je crains que l'ennemi cherche à nous inquiéter pour emporter notre embrigadement.

Je désirerais bien mon camarade que nous puissions ensemble voir les grandes Indes, toi à l'île de France et moi à Pondicheri, faisons tout notre possible pour l'obtenir; en attendant ce voyage, je t'embrasse de tout cœur, et suis ton ami, donne moi en peu de temps de tes nouvelles pourquoi on a tiré hier de ton côté.

Ton frère et camarade,

MAISONNEUVE.

Du quartier général de Maubeuge, ce 22 nivôse, l'an 2 de la République une et indivisible.

Le général de division Maisonneuve au général de division Fromentin.

Mon bon camarade, je te salue et te fais part que le citoyen Wallerand caporal fourrier des grenadiers du 56ᵉ régiment d'infanterie, premier bataillon, a obtenu une permission d'absence pour deux jours pour faire ses affaires à Maubeuge. Comme la municipalité me fait connaître que le citoyen était seul dans sa famille, je me suis permis de lui donner une prolongation de 3 jours époque ou doit arriver les représentans du peuple qui seuls peuvent terminer les affaires de famille entre la municipalité et ce grenadier; par conséquent tu feras savoir au général Duhesme et au commandant du premier bataillon, que je lui ai accordé trois jours de plus et qu'il rejoindra son corps le 25 au soir. Rien de nouveau, cependant on entend un grand bruit dans la partie du bois de tilleul on croit que c'est l'ennemi qui marche sur nous, moi je pense que c'est du bois qu'ils charient.

Tu voudras bien venir dîner avec moi lorsque le temps te le permettra, je loge chez le citoyen Baudry à côté du bureau de l'état major.

Ton frère et ami,
MAISONNEUVE.

Requête du citoyen Fromentin père au Comité de Salut public, en faveur de son fils le général (vers le 20 juin 1794.)

Le citoyen Pierre Fromentin âgé de soixante-seize ans, vexé depuis dix ans par le ci devant régime, qui a force des procédures, lui a absorbé une partie de sa fortune, se trouve aujourd'hui plongé dans les peines les plus cruelles. Goutant les avantages de la révolution, par la satisfaction qu'il avait de voir plusieurs de ses enfants ne rien négliger pour la consolider, faire et renouveller tous les jours le sacrifice de leurs vies pour affermir et conserver la liberté de la grande famille ce qu'ils exécutent à la vûe et au su de leurs concitoiens. Malgré cette générosité et leur bravoure à toute épreuve, puisque dans le moment, l'un d'eux général de division a l'armée du Nord au service depuis seize ans en tems de guerre a reçu dix-sept coups de sabre, plus à l'affaire du 5 floréal a été cruellement maltraité, son cheval tombé sur lui a essuyé de si grands maltraitements, qu'il a été laissé par sa colonne pour mort et dans cet état a été pendant cinq jours errant dans les plaines travesti en berger seul moyen qui lui ai réussi pour pouvoir regagner sa colonne.

En un mot, 13 ans environ soldat; puis commanda 2 ans le 1er bataillon de l'Orne, honoré de la confiance et l'estime de ceux qu'il a commandé, il a passé au grade de chef de brigade où il a pris le commandement de Bergues où il est resté 15 jours, de là passé au grade de général de division, se trouve aujourd'huy destitué sur des dénonciations qui à coup sûr portent l'empreinte de la malignité et de la jalousie; il les ignore à l'exception d'une; il a su et on lui a dit qu'il s'ennivrait, et que notamment a l'affaire du 15, qu'il avait été a l'affaire dans cet état et tombé de cheval, il dément ce fait : 1° par un certificat du chirurgien du 1er bataillon de la Meurthe qui depuis le 12 le traitait pour une hémorragie, qui le réduisait pour tout régime à l'eau mélée avec du vinaigre et des bains de pieds. 2° par un certificat qu'il pourrait et qu'il s'offre de tirer du général Desjardins et autres qui à cette époque est venu le voir chez lui et l'a trouvé dans son sang ; il a été dans cette circonstance à l'affaire malgré son chirurgien n'écoutant que sa valeur et son courage. Il n'est pas étonnant qu'il soit tombé de cheval. Ce n'est pas ivresse mais bien faiblesse, et depuis cette époque il se trouve destitué avec de l'honneur et des sentiments ayant juré mille fois de ne finir qu'en combattant pour la liberté et la défense de la patrie. Dans quelle cruelle position s'est-il trouvé! un seul et un vrai républicain peut le sentir. Il a fait connaître ses sentiments au représentant du peuple, Levasseur de la Sarthe qui étaient de servir dans cette armée et dans quelque grade que ce fut, peu lui importait, qu'il serait content, encore bien qu'il fut bien affaibli par ses blessures qu'il a reçues, il lui restait encore des forces et du courage.

Il n'a apperçu aucun moien d'exercer davantage son seul métier, et par conséquent concourir au salut de la patrie; dans cet instant fatal, son imagination s'est exaltée et il a préféré la mort à une vie oisive ou plutôt honteuse et avilissante, il a fait un testament en conséquence, qui respire et annonce les sentiments qu'il a toujours manifestés, et qui a été envoyé au Comité par le comité de surveillance de Falaise, puis il a cherché à exécuter son projet en se donnant un coup de pistolet dans la bouche, mais il ne méritait pas la mort, sa patrie aurait sans doute fait une perte, le Dieu tutélaire des montagnards et vrais républicains l'a garanti ; les balles lui ont endommagé peu la mâchoire et sont restées mortes dans ses gencives, il est présentement convalescent, bien rassuré sur son civisme et sa générosité il se confie dans le comité de Salut Public et se flatte (ce sont ces paroles) que justice va lui être rendue, qu'il sera remis au nombre des braves défenseurs de sa patrie pourvu qu'il la serve jusqu'à son dernier soupir, tous les grades l'honoreront et rempliront ses vues. En conséquence l'exposant qui vu deux deffenseurs qu'il a donné à la patrie a le 1er dans le cas ci exposé et *le second blessé et réduit à l'hopital de Nantes* pour avoir reçu un coup de biscaien, Sollicite une prompte justice du comité et seul moyen de calmer les peines à deux autres de ses autres enfants, qui pleurent continuellement l'honneur de leur frère et les dépenses énormes que cet accident entraîne, étant à 20 lieues de notre domicile.

Au quartier général de Landreci, le 30 germinal, 3e année républicaine.

Le général de division Fromentin, commandant l'arrondissement de Landreci, à la commission de l'organisation et du mouvement des armées de terre.

J'ai reçu votre lettre du 24 courant relativement à Saint-Quentin ; il est vrai, citoyen, que j'ai donné l'ordre au commandant de faire rentrer les chasseurs et de leur faire faire le service de la place.

Ceux qui vous ont fait le rapport ne vous ont pas dit qu'elle en était, qu'elle en est encore la cause ; la garde nationale refuse absolument de monter la garde ; elle abandonnait les postes qui lui étaient confiés ; les poudrières, les magasins militaires en tout genre étaient sans fonctionnaires ; vous sentez que j'ai du prendre des mesures pour en prévenir le pillage et que j'ai employé le seul moyen qui fut en moi, celui de faire rentrer, les chasseurs.

Le service des réquisitions, l'arrivage des subsistances, n'est pas pour cela compromis, parce que j'ai toujours recommandé au commandant d'obtempérer aux réquisitions légales des autorités civiles et de fournir aux convois de grains une escorte assez forte pour en assurer l'arrivage.

J'ai prévenu le comité de Salut public de tous les détails, le 22 présent, d'après l'avis du représentant Roger Ducos, avec qui j'en ai conféré.

Salut et fraternité.

FROMENTIN.

États de service extraits des archives du ministère de la guerre.

FROMENTIN (JACQUES-PIERRE)

né le 2 juillet 1754, à Alençon.

Soldat dans le régiment de l'île Bourbon le.	5 avril 1778
Congédié, le.	26 sept. 1787
Lieutenant-colonel au 1ᵉʳ bataillon de l'Orne. . . .	20 sept. 1791
Général de brigade, le.	27 août 1793
Général de division, le.	20 sept. 1793
Destitué, le.	3 juin 1794
Réintégré, le.	17 juill. 1794
Commandant la place de Landrecies, le	18 juill. 1794
Réformé, le.	13 juin 1795
Maintenu en activité jusqu'au. . , ...	8 juill. 1795
Retraité, le. . . . . , ...	23 oct. 1799

Campagnes de : 1781, 82, 83, 84, dans l'Inde. 1792, 93, 94, à l'armée du Nord.

INDEX ALPHABÉTIQUE

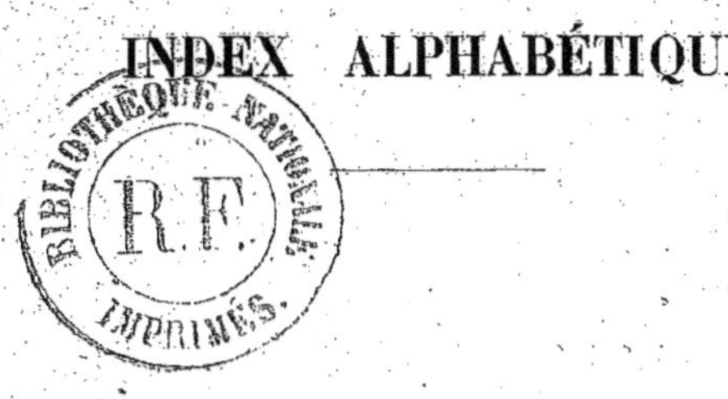

2924. — Paris. Typographie Gaston Née, rue Cassette, 1.

OUVRAGES DE M. PAUL MARMOTTAN

L'École française de peinture (1789-1830). 1 vol. in-8°. Paris, 1886,
Renouard.

Le Musée Carnavalet. 1 vol. in-18, Louvain, Peeters.

Les Statues de Paris. 1 vol. in-12, illustré. Paris, Laurens.
(Ouvrage honoré d'une souscription de l'État et de la Ville de Paris.)

La Tapisserie de la chaste Suzanne. (En collaboration avec Guiffrey.)
1 vol. in-4°, illustré. Paris, 1887. Plon.

Tableau de Valenciennes au XVIIIe siècle. 1 vol. in-8°. Valenciennes, Lemaître.

Ephémérides Valenciennoises. 1 vol. in-8°. Valenciennes, Lemaître.
(Ouvrages couronnés par la Société des sciences, agriculture et arts de Lille, en 1888.)

Les Peintres de la ville de Saint-Omer. 1 vol. in-8°. Plon, 1888.

Les Peintres de la ville d'Arras. 1 vol. in-8°. Plon, 1889.
(Mémoires reçus par le Comité des Beaux-Arts de Paris et insérés dans le compte rendu officiel des Sociétés des Beaux-Arts des Départements, publié par le Ministère de l'Instruction publique, volumes de 1888 et 1889.)

Notice historique et critique sur les peintres Louis et François Watteau, dits : Watteau de Lille. 1 vol. in-12. Danel, Lille, 1re édition.

Même ouvrage. Seconde édition, in-4° carré, illustrée, 1 vol. Plon, Nourrit, 1889.

Le général Fromentin (1754-1830), avec un portrait. 1 vol. in-8°. Paris, Charavay, 1890.

EN PRÉPARATION :

Histoire de la Peinture dans le Nord et l'Est de la France. (En deux volumes.)

2234. — Paris. Typ. Gaston Née, rue Cassette, 1.

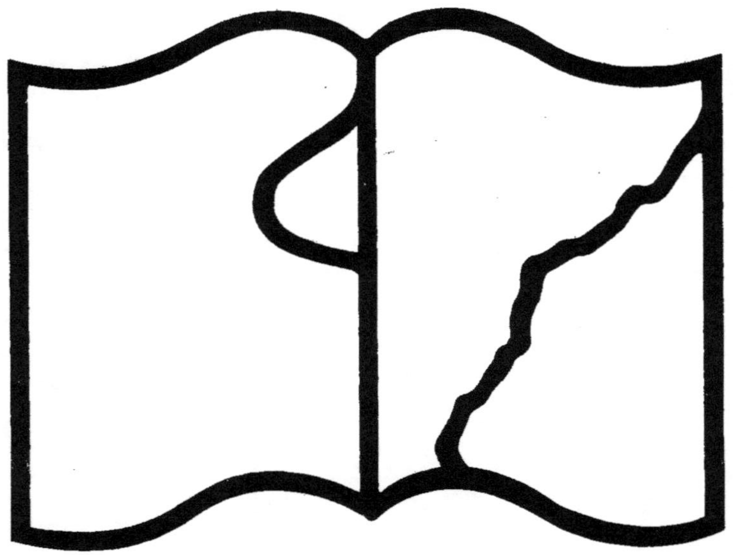

Texte détérioré — reliure défectueuse

NF Z 43-120-11

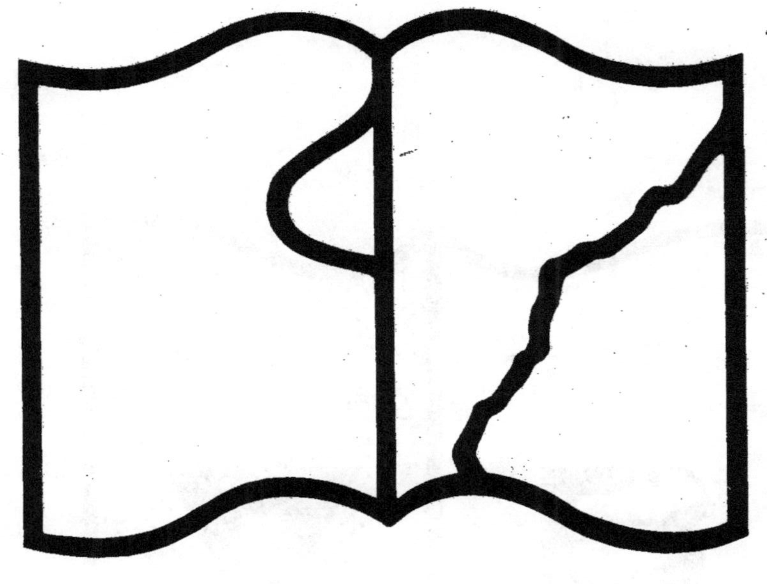

Texte détérioré — reliure défectueuse

NF Z 43-120-11

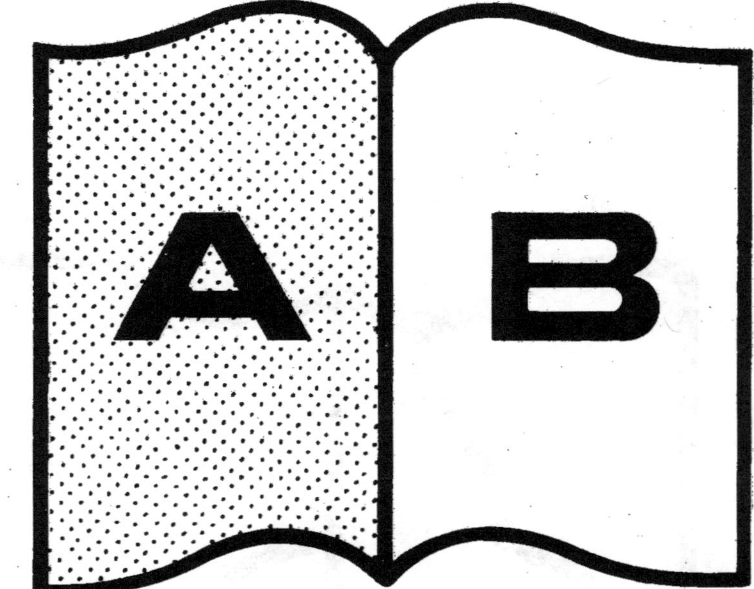

Contraste insuffisant

NF Z 43-120-14